NOT JUST GPA

奔向精彩的海外人生

丁律师谈留学安全、校园规划和海外就业

丁杰 ◉ 著

人民日报出版社

图书在版编目（CIP）数据

奔向精彩的海外人生 / 丁杰著 . -- 北京：人民日报出版社, 2017.3
ISBN 978-7-5115-4623-4

Ⅰ . ①奔… Ⅱ . ①丁… Ⅲ . ①留学教育—概况—世界
Ⅳ . ① G649.1

中国版本图书馆 CIP 数据核字 (2017) 第 069156 号

书　　　名:	奔向精彩的海外人生
作　　　者:	丁　杰

出 版 人:	董　伟
责任编辑:	刘　悦
封面设计:	主语设计

出版发行　人民日报出版社
社　　址：北京金台西路 2 号
邮政编码：100733
发行热线：（010）65369527　65369846　65369509　65369510
邮购热线：（010）65369530　65363527
编辑热线：（010）65363105
网　　址：www.peopledailypress.com
经　　销：新华书店
印　　刷：北京旺鹏印刷有限公司

开　　本：880mm×1230mm　1/32
字　　数：145 千字
印　　张：7.25
印　　次：2017 年 5 月第 1 版　2017 年 5 月第 1 次印刷

书　　号：978-7-5115-4623-4
定　　价：49.80 元

致(准)留学生和他们的家长

序　做自己的主人

人生有两种不可名状的痛苦，一种是没有选择，另一种是有太多的选择。

短短几十年的时间，中国很多家庭的痛苦，从第一种迅速转化成了第二种。上一代人缺衣少食，下一代人这里却极为丰富。富裕起来的中国家庭，从下一代出生前，就面临着各种选择的困难，而这些困难会一直伴随着孩子成长，直到独立。怀孕开始就需要决定：是选择拥挤娴熟的公立医院，还是选择环境优雅的私立医院？几年之后又要选择，是到发展个性的国际幼儿园，还是到管理严格的公立幼儿园？接下来又是一样，是选择接受传统教育，按部就班参加高考，还是强调多元发展，未来走出国门。

最近十几年来，越来越多的家长和孩子选择走出国门，寻找不一样的生活方式。可能每个家庭对海外学习都有着不同的目标，有的是看重一些国家丰富的教育资源，有的是为了能够在未来工作移民，有的是为了去锻炼独立能力，有的是想到海外开创新的事业。无论是出于怎样的目的，所有人到海外学习都面临一个问题，就是海外的生活和中国的到底有什么不一样。当我们到了某个陌生的国家，首先面临的，是各种各样的陌生感：从饮食到住宿交通，从选课到师生关系，从语言到思维方式——或者学术一点，我们可以把这个叫做文化差异。

这是一个说起来简单，做起来很难的事情。因为很多的文化差异藏在人们的内心世界，不那么容易被清晰地认识。很多中国的家庭，对于国外的教育和生活环境的了解完全来自于道听途说，或者跟旅游团去景点的经验。但这些和独立在国外学习生活相比，是远远不够的。真实的生活，需要我们理解所在国的真正的生活逻辑和思维方式。只有这样，在你孑然于异域的时候，才不至于产生不必要的困难和孤独。

丁杰的这一本书，正是满足了我们这样的需求，把一个人在陌生国家生活学习过程中可能面临的问题，做了一个比较系统的梳理——从人身安全，到职业发展。把一个留学生在外生活的点点滴滴，汇集成册，成为一本不可多得的留学生活宝典。这本书最宝贵的，不是他所总结的那些理论——那些道理在很多跨文化的教材中都会提及——而是其中积累的大量的、鲜活的、充满即视感的案例。这些案例所起到的作用，让本书不仅仅具有很强的系统性，而且具有难以比拟的可读性和可操作性。

作为一个常年从事国际交流，并走过二十几个国家的人，直到现在，我去一个陌生国家出差或者旅行之前，还是会有一丝丝的不确定感，不知道这一次会遇到什么样的人，发生怎样的事情，如何去解决。有这样一本宝典在手上，至少，对于那些第一次真正要长期在外生活的学子和家庭来说，可以增添不少的底气，让我们的留学生活，更开心，更顺畅。

北京外国语大学国际商学院院长
北京外国语大学南方研究院执行院长

目录

前 言 / 1

求职时间轴 / 5

ONE 境外安全篇 / 7

生命安全 / 8

情绪安全 / 15

TWO 校园规划篇 / 21

整体规划 / 22

细节规划 / 28

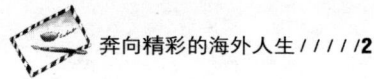

目录

—— THREE ■————

技巧能力篇 / 39

求职材料 / 40

CPT 与 OPT / 63

巧用领英 / 72

面试技能 / 80

—— FOUR ■————

职场新秀篇 / 89

求职常识 / 90

预备阶段 / 104

参加面试 / 108

初识职场 / 116

职场进退 / 124

目录

── FIVE ■────

人际关系篇 / 129

职场文化 / 130

建立人脉 / 133

维持交往 / 142

── SIX ■────

高层对话篇 / 151

加利福尼亚州大洛杉矶地区圣盖博市市长 / 153

NBA 全明星队队员 / 160

美国富豪俱乐部 Tiger21 副主席 / 168

华盛顿州奥本市议员 / 172

知名高科技公司 asterRIDE 创始人 / 186

附 录 / 194

后 记 / 215

致 谢 / 220

前　言

作为一名从事跨境投资和贸易业务超过十年的商业律师，我一直有一个梦想，那就是通过自己的绵薄之力，让更多的、来自不同国家的公司、个人在法律设定的范围内可以自由、平等地从事国际贸易和投资，并实现人才的国际化流动。

正是因为这个梦想，让我有机会服务不同类型的客户，它们之中既有国有企业、民营企业、在华外资企业，也有在境外的外国企业和非盈利机构以及那些要走出国门的中国企业和家庭。无论我的服务对象的背景如何，到了最后，都是与这些机构里的某些人建立信任关系。这些人有公司的所有者、高管和中层领导，无论他们是谁，能与他们共事，于我是非常幸运的一件事情。

时间久了，无论是在中国文化背景下，还是在国外文化背景下，我与这些人之间的甲方和乙方的角色自然就逐渐模糊了，更多的是朋友和朋友之间的友谊。朋友之间，更多话题的自然是家常里短和儿女情长。我的中国朋友们，自然好奇我在海外的学习、工作和生活经历；我的外国朋友们，自然好奇世界第二大经济体、全球经济发展最快的国家——中国的情况。

事实上，我的外国朋友们，无一不对过去中国十几年经济快速的发展、中国速度和中国奇迹而震撼。当今，无论是外国企业在中国的投资规模，还是中国企业在境外的投资规模，都是历史上绝无仅有的存在。正是这种快速的经济发展，造就了高端人才互相的往来与互动。比如，在韩国，我经常看到优秀的企业家和律师可以讲一口流利的中文；在美国和加拿大，也可以看到白人们用一口流利的中文与到访的中国企业家谈判。

我的中国朋友们，经常会向我提问：未来，他们自己和他们的下一代如何才能适应国际化的浪潮？如何才能让他们自己和他们的下一代"不输在"国际化的起跑线上？

我认为，现在是一个新时代的"西学东渐"的过程，那些拥有了国际化实战工作经验和国际化思维的、了解并熟知中国规则的海归人才，将是未来中国发展的动力之源。

如果说中国的留学中介机构为一大批最优秀的中国青年开辟了海外求学之路的话，那么很遗憾的是，这些机构可能还无法真正地解决这些青年学子到海外后的学习、工作和生活的问题。

新一代的留学生群体已经完全不同于上几代的留学生群体。这一代大多数成长于经济条件和生活条件非常富足的家庭，他们自小丰衣足食、多数人没有经历过大风大浪，心里的承受力有限。这些年的工作经历，让我有机会见到很多不同朋友的家庭和他们的下一代。借助于中国经济的腾飞和自身的不懈努力，这些朋友们成功地创造了属于自己的财富，并通过支付大量的费用把孩子们送到海外学习。有的人在他们下一代很小的时候（初中和高中时）就把他们送了出去，有的，则是让下一代在海外就读本科和硕士。

很不幸的是，我看到了太多孩子们（无论年纪大小），因为语言、文化、生活条件等不同于国内的原因，出现了不少问题。比如，因为不了解当地的法律规则，触犯法律而坐牢的；因为不了解文化习惯过于炫富，而造成被抢劫甚至丧失生命的；因为缺少沟通，而导致重度抑郁症的；因为不懂得境外的职业习惯，而造成空有高分 GPA 却无法找到工作的。

更为不幸的是，作为孩子的父母们，因为不了解海外的情况，所以遇到上述问题时，喜欢用"中国式"的思维解决问题。比如，不去找国外专家解决抑郁症问题，而责备孩子、并把孩子接回国重新读书的；孩子触犯了海外的法律，害怕孩子坐牢，而收买证人的；孩子

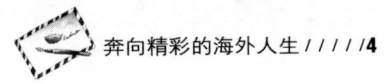

的成绩下滑,不去找海外教育专家等人士解决问题,而求助于中国"专家"的。

写这本书的动力之一,就是希望通过书中内容的阐述,让我的客户们、朋友们、新一代留学生们,有一定的时间来准备海外的学习、生活和工作——是的,我希望解决那些尚未被境内出国留学机构所解决的问题。

虽然本书中探讨的问题主要集中在美国,因为我认为美国是境外国家中最有代表性的国家,所以同样适合于那些在(或者准备去)其他国家发展的年轻一代和他们的家长。

一个国家的发展,取决于每一个家庭和个人的发展,反之亦然。希望本书能够帮助更多家庭实现国际化梦想。相信无论是国际化的年轻一代,还是希望下一代国际化的父母们,都可以在本书中得到一些重要的启示。

求职时间轴

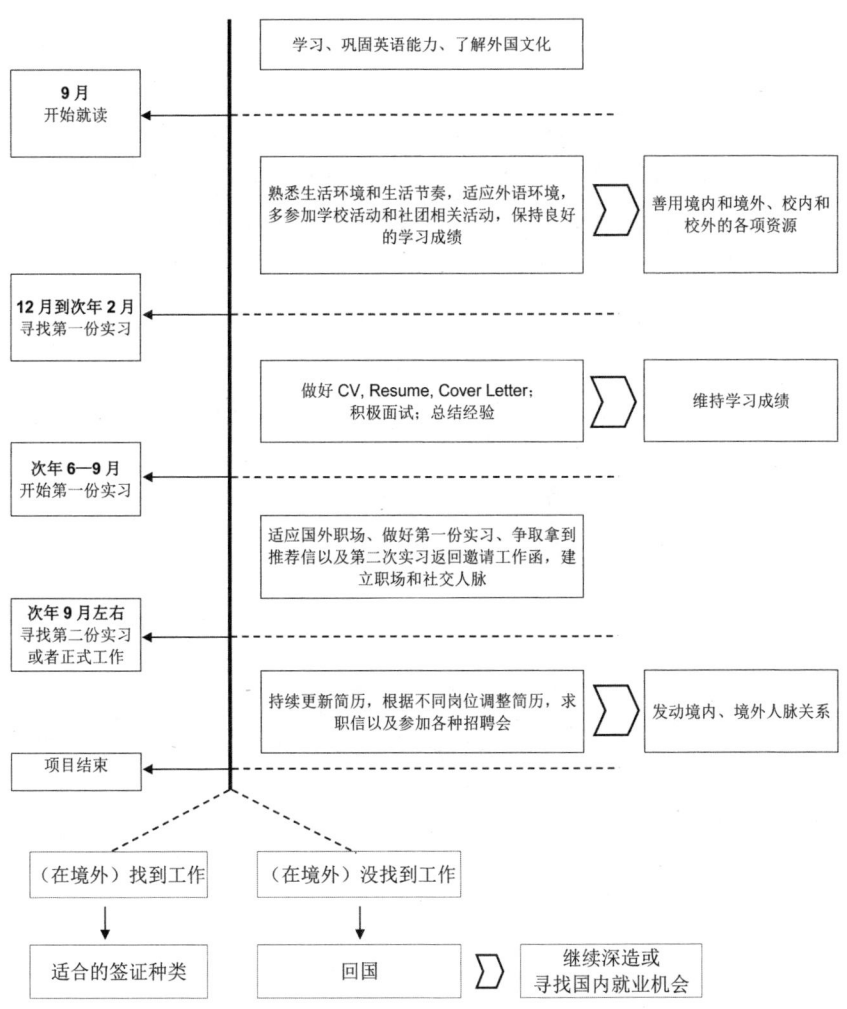

ONE

境外安全篇

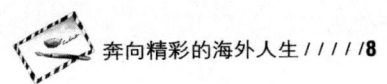

儿行千里母担忧，对于那些孩子在国外，自己或者自己的另一半忙于境内事业发展的留学生父母来说，孩子的"安全"永远是头等大事。安全的重要性，要远远大于孩子学业的好坏与成绩的高低。无论是低年级留学生，还是高年级留学生，由于家庭教育较好，以及国内治安环境相对良好，他们在境外，通常不具有较高的"安全"意识。

特别是进入 2017 年以来，考虑到以美国和欧洲为代表的国家和地区日渐兴盛的国家保护主义和民族主义情绪，留学生本人以及拥有留学生的家庭，能否在这种动荡万分的时期顺利并且安全地完成海外学业和生活，是值得所有人注意的。

"安全"应该具有两方面的含义，生命安全和情绪安全。

生命安全

生命安全即指生命不受威胁、生命受到保护，不因外力而做出违背自己意志的决定、行为或者做出任何危害公共安全的行为。

过去近十年来，轰动国内各大媒体的中国留学生安全事件不计其数，特别是从 2010 年以来，各种关于留学生和留学生家庭在海外的新闻层出不穷。仅在百度搜索中敲入"中国留学生"即可以搜索到各类所谓的爆炸性新闻。

在本书的附录部分，我搜集了二十余件比较有代表性的、在国内媒体公开报道的真实案例。这些安全问题发生在北美、欧洲、亚洲等中国留学生比较集中的国家和地区。事实上，如果我们进行一次全球的英文新闻搜索，关于中国留学生的类似案件不计其数，只不过国内媒体或者境外的中文媒体没有捕捉到而已。

这些案例的基本特点有哪些？

这些留学生安全问题或是因安全防范不足而遭受不法侵害，或是因缺乏法律基础知识导致在国外违法违规受到处罚。

值得注意的是，女性留学生是受侵害的最为严重的群体，不分求学的地点、所在的年级以及年龄。

我建议女性留学生以及其家长要格外重视这部分人群的安全保护，在出国前与出国后应该及时做好教育准备。

在这些安全事件中，侵害者与受害者同为中国留学生的居多。

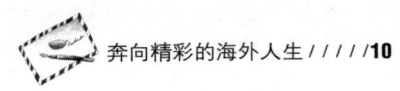

这一调研结果说明，中国留学生在产生内部矛盾时，缺少比较合理的、合法的渠道，更多是采用不理性的、甚至违法的方式和方法处理彼此之间的矛盾。

这也说明留学生群体及其家长缺少基本的法律常识教育，也缺少对留学生们的关注，而这些是必不可少的。

导致这些问题的原因有哪些？

普遍缺少基本的法律常识，自我保护意识很差

无论是豪车事件、超速事件（参见案例六、七、十、十一、十九、二十二），还是看似是意外事件的被绑架伤害事件，但凡事件的主要人物有着健全的法律意识，有着比较强烈的自我保护意识，比如在晚间不独自出行（参见案例五、十六、二十、二十三、二十六）、坚决配合执法机构的工作等，就会避免很多不幸事件的产生。

缺少权威的信息枢纽和指挥中心

在海外发生不幸事件后，中国境内的亲属处理和应对事件的准备能力不足，向海外的留学生提供错误的、误导的、不合理的、甚至

不合法的建议和意见，有的甚至亲自出马并"操刀"处理后续事宜。实际上，这种行为很可能违反当地的法律规定（参见案例十四和案例十七）。

所以，一旦在海外出现不幸的事件，境内亲属应该立即聘请权威的机构作为信息枢纽和指挥中心，利用它们的资源妥善解决那些不熟悉和不合理的事件。

受害者的特征有哪些？

以女性中国留学生为主。

这些受害者可能是偶发事件的受害者，比如2016年5月，在德国的某留学生在夜跑时遭遇不幸的事件（参见案例二十）；另一方面，受害者也可能是非偶发事件的受害者，比如2015年9月，一位中国女留学生可能因为感情纠纷的原因，被另外一位男性中国留学生残忍杀害（参见案例十八）。

造成女性受害者较多的原因主要在于女性群体本身属于弱势群体，比较容易受到侵害，当她们的安全防范意识有所放松的时候，容易成为受侵害的目标。

侵害者的特征有哪些?

虽然留学生安全事件中的侵害者大多是当地公民,但是也有一部分侵害者是到海外求学的中国留学生,其中男性居多。

虽然这些侵害者普遍受到高等教育、在国内普遍拥有良好的家庭背景和成长环境,但是他们却因为种种原因违反了当地的法律规则,令自己背上了罪犯的标签。事实上,这种侵害行为不仅给受害者及其家庭带来不可挽回的巨大风险和无可估量的损失,也令侵害者收到法律的严厉处罚和一辈子的良心谴责(参见案例一、案例十八)。

如何避免受到侵害?

拥有基本的法律常识

留学生应该在出国留学前或出国留学后的短时间内,进行留学地的基本的法律常识的训练和学习。这样将帮助他们降低风险。

建立留学所在地的当地智库

在海外的中国留学生通常愿意集中在自己的小圈子里,不愿走出去。从几个典型的中国留学生犯罪案例中看到，文化差异是其中更深层次的原因。一些留学生将在中国国内的"文化习惯"带到了海外校园生活中，却没有意识到违反了当地的法律法规，因而收到了当地法律的制裁。因此，中国留学生一定要主动地与当地学生和有关人士组成的当地智库建立稳固的、良好的关系，"当地智库"可以向留学生群体提供很多的信息和资源。从安全的角度看，智库愿意提供更多的安全信息，如哪些领域有风险，哪些地区不应该前往等。

向领事馆寻求帮助

随着祖国经济的日益强大及国际地位的增强，国家在公民保护方面的工作做得越来越好。我们经常看到这样的新闻，当祖国公民在国外遇到困境的时候，大使馆、领事馆出面负责协调公民的保护工作。留学生应该在适当的时候，向祖国寻求适当的帮助。积极查询、订阅关于所在地区安全问题的新闻，了解领事保护的作用，如果有机会，可以参加领事馆举办的各项防范安全的讲座活动。

提高自身警惕

虽然海外的学校领导、老师经常强调提高自身警惕的重要性，但是很多中国留学生和家长都对此不以为然。在境外，由于国情不同，特别是绝大多数国家都是地广人稀，所以安全性问题的存在与中国不完全一样。比如，独自在夜晚走路、跑步，或者在停车场停留的时间比较久，都不是明智的选择。另外，对于平时经常一起相处的朋友们，如果发现他们之中的某个人有怪异的情形时，应该立即请第三方（比如共同的朋友、老师等）介入，防止朋友因为某种原因成为侵害者。

受到侵害怎么办？

首先，应该保持冷静，把事情的前因后果，犯罪嫌疑人的相貌特征，可以搜集到的证据、言辞等都记清楚、记录好、整理好。

其次，一定要记住不能按照中国的方式处理境外的问题。通过我们的调查发现，受到国内环境的影响，在一些问题产生时，受害人或者受害人的亲人很自然地会按照中国的方式处理问题，而不是想到符合当地规则的方式处理问题。在这种情况下，要避免从非专业人士处得出解决问题的方法，因为这些非专业人士很可能给出错误的的方法。正确的方式应该是努力找到当地的执法机构、专业人士（律师、法学院学生或者教授）寻求建议。切记不要鲁莽行事。

再次，报警或者向学校相关机构进行报告。一定要记住当地的报警电话号码和校方负责安全的机构的联系方式。在一些发达国家，如美国，汽车等内部都有紧急通话设备，这些设备可以在不方便使用手机的时候使用。

怎样防范自己/自己的孩子成为侵害者？

经过我们的调研发现，每个人都可能成为侵害者，无论他的学历如何、成绩如何或者家庭背景如何。我们的调研还发现，有些侵害者，甚至是全球顶尖名校毕业的高材生、自小被称为"天之骄子"的学生。当然，从国人的角度来看，发生这样的事情的确是不可思议的。

那么如何才能防范自己/自己的孩子成为侵害者呢？下文即将论述的情绪安全是关键。

情绪安全

情绪安全，或者心理安全，指情绪稳定、不抑郁、面对各种不同的压力可以灵活处理，不让自己处在神情压抑的状态。附录中的案例二十七是情绪安全产生严重问题后的极端情况。

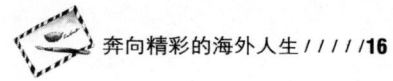

情绪安全的表现有哪些?

处于情绪安全状态的留学生们通常表现出对生活积极的态度,愿意参加学校的各项活动,与各种人群都相处融洽且知书达礼,经常会与邻里和同学一同完成某些社区活动和项目。对于学业而言,他们重视全方面提高自己的学习能力和水平。对于人际关系而言,他们除了平时与同学之间关系融洽外,也与教授等人有良好的沟通。

情绪波动的表现有哪些?

我们发现很多情绪波动的留学生都有如下的特点:

无法融入主流社会

这些留学生通常停留在自己的小圈子里,没有能力或者没有动力与主流社会群体进行交往。久而久之,这样的留学生就容易成为的所在留学国家的边缘人士。这种边缘感会令他们逐渐产生对社会的不信任感以及增加他们的叛逆感。

过度停留在留学生群体内部

通常情况下，留学生群体的范围比较小，群体内部与外部之间的沟通也比较少。如果过度地停留在留学生群体内部，那么当群体内部的某个成员被其他成员排斥、排挤、不被接纳的话，很容易产生不被认可的感觉。身在异国他乡，这种不被自己族群认可的感觉是很不好的，会造成很多情绪波动。

沉迷于网络或者电脑游戏

留学生，特别是那些低年级的留学生，很多沉迷于网络或者电脑游戏之中。

网络或电脑游戏令很多留学生沉溺于虚拟世界中。他们除了在学校上课外，大部分时间都沉浸在宿舍或者寄宿家庭中，甚至每天花十几个小时在网络和电脑游戏上。

长期沉迷于网络和电脑游戏会使这些留学生失去学习的动力、交流的欲望，甚至因为缺少休息、作息时间紊乱的原因，造成他们缺席正常的学校课程。

久而久之，他们的存在感只有在网络或者电脑游戏中才能找到。

轻度抑郁症

如果平时和大家正常交往的留学生突然变得非常孤僻,不愿意与别人接触、不接电话、不回微信,这很可能是轻度抑郁的症状。如果继续恶化,甚至会产生自残、自我摧毁的想法和意识等。

发现留学生有不稳定的情绪后应该怎么办?

很多留学生的家长在处理情绪稳定和心理健康的问题方面并没有太多的经验,因此导致一些留学生在处理这种问题时手足无措。

家长角度

我们可以从下面这个案例中总结出家长应该如何面对留学生的情绪安全问题。

一位家长在中国找不到已经失联近一个月的、就读于大洋彼岸某全球名校的本科二年级的儿子。失联前的最后一次沟通是孩子在一家汽车旅馆给家长打的越洋电话。后来,家长终于放下境内的工作,亲自飞往孩子留学的城市,并在当地各种机构的帮助之下,用了几个星期的时间才找到了孩子。这时,距离孩子失联已经差不多有两个月的时间了。

后来，我们了解到，孩子之前就已经旷课好几个星期了，情绪非常不稳定，孩子也曾在电话里向家长表达过很多不满的情绪。然而，很遗憾的是，家长并没有认真了解孩子的处境，也没有处理好与孩子的关系，造成孩子孤僻感加强，最终导致孩子与家人失联。

很幸运的是，这个事件的最终结果是好的。因为通过当地正确的途径和渠道，家长顺利地找到了孩子，如果失联的时间更久，孩子在失联的过程中有任何的不幸，那就是所有人都不想看到的结果。

事实上，所有的不幸都应该防患于未然。一方面，家长应时常与孩子保持良好、顺畅的沟通，对于那些家长并不了解的问题，要多向孩子"请教"，多听孩子讲述自己在境外的事情；另一方面，如果发现孩子有情绪上的波动，应该立即找到专业机构和专业人士提供解决方案，并及时前往孩子留学的国家，陪伴孩子度过最艰难的时刻。绝对不能等到事情发展到不可收拾的地步时再进行挽回。

留学生自身角度

作为留学生，首先应该意识到自己正处在情绪不稳定的高发人群中，这一点往往被留学生本人所忽视。一方面，这是由过去在国内所处的环境造成的，即大家没有这方面的认知意识；另一方面，作为一个在陌生国度的弱势群体，也缺乏保护自己的意识。

其次，千万不要羞于向其他人请求帮助。如果发现自己有厌学、不愿意社交、有自残倾向甚至自杀倾向的话，那么一定要去找学校里的 School Counselor（学校顾问）。这些学校顾问通常能够很好的保护学生的心理，了解并知晓留学生的顾虑在哪里。留学生还可以正式咨询本地的心理咨询师，他们对于留学生来说也是非常重要的资源。

当然，语言能力的沟通对于学生来说是最大的障碍，而情绪问题又涉及非常深入的谈话能力和交往能力，因此，如果能找到有中文能力的学校顾问和心理咨询师，且有中国生活背景的人将是特别重要的帮助。

提早解决了这些问题，将会帮助留学生避免学业上、生活上和工作上遇到的很多麻烦。

— TWO ■————

校园规划篇

整体规划

想要毕业后留在美国发展一段时间，应该如何选择学校？

无论是低年级的留学生，还是高年级的留学生，如果未来想要留在美国工作一段时间的话，那么选择一个合适的学校非常的重要。

不同于中国，美国是联邦制国家，因此每个州都有自己的体系和制度。作为留学生，不能以"中国式"的思维理解美国高校和美国这个国家。

我们认为，选择此类有益于未来就业的学校，应该考虑的因素如下。

地理位置

由于历史的原因，美国不同地区向外国人展现的内容也是不一样的。大体上来说，美国的西部、中部、东部、北部、南部的各个地区的特点非常不同，当然对于亚洲留学生的态度也不同。

比如西部地区，对于亚洲文化的吸收和接纳要远高于美国其他地区；东部地区，对于欧洲的文化、西方的文化的吸收和接纳就要远大于亚洲的文化。

人文环境

人文环境主要考虑的是该地区的历史、文化、宗教信仰等。通常情况下，一个拥有长远历史气息的地区，会具有相当强的文化气息、学术气息。

比如在东部的耶鲁大学所在地的 New Haven 市，虽然城市比较小、也没有特别大的跨国公司，但是城市里拥有很多的历史古迹与宗教色彩，是一所充满人文环境的城市。

居民构成

这所学校所在的居民主要的工作是什么、文化教育程度如何、种族比例如何也是考虑的因素。如果所在地区的居民主要是蓝领工人，在文化教育程度相对较低，而种族构成情况又相对单一的时候，可能该地区并不太合适留学生的学习生活。比如，美国大西雅图地区的南部是蓝领工人比较多的地区，同时以白人为主，这个地区可能就不太合适留学生的发展。

学校所在地的企业构成

这一因素特别重要。

在美国，公司在寻找雇员时，通常愿意尽力找寻"Connecting Points"，即这位潜在的雇员是与我们的公司有怎样的"联系点"，他/她为什么一定愿意到这个地方来。因此，如果一个地区的大企业、大公司较多，它们便会十分愿意优先考虑那些在本地区生活和学习的本地居民。当然，如果学校所处的地域恰好是大公司的集中之地，那么学生们也可以"近水楼台先得月"，通过这个自然而然的连接点，先发制人得到雇主优先的青睐。这个比较有代表性的当属北加州的硅谷地区，这个地区高科技公司数量众多，且拥有几所全球顶尖高校，因此这些高校的留学生们会拥有更多的获得实践工作的机会。

就业情况

通过公共信息资料，查看历年各大公司在学校的招聘情况。

这些信息非常重要，因为历年以来的招聘情况会直接反映出学校就业领域当中的优势与劣势，为学生提供一个非常重要的参考指标。

校友会的活跃程度

一个学校的校友会的活跃程度高低，在一定程度上也反应出学校培养人才的能力的高低。最有效的指标是这个校友会在全球的活跃程度，特别是在美国和中国的活跃度高低。全球的知名学府，比如哈佛大学、耶鲁大学、华盛顿大学在中国的校友会非常强大，他们通常可以聚集非常多的境内和境外的资源。学校与校友会的互动可以给在校生提供更广泛的机会，有助于学生通过校友会建立起广泛的人脉关系，并找到相应的境内和境外的从业机会。

如果已经选了不太合适的学校，那么是否意味着就没有"翻身的机会"了呢？答案是否定的。其实在美国转学是非常平常的事情，甚至很多中国留学生也都是在社区学院（Community College）读完前两年再转入美国名校的。

转学的过程比较繁琐，比如需要考虑转学的时间点（通常一个学期以后才能转学），学分的转换、签证的调整等，我们建议一定由专业的商业机构来负责，同时也可以事先发邮件详细咨询双方学校的校园顾问。

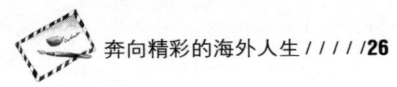

留学期间,应在哪些方面培养和锻炼个人能力?

多方面培养与发展是大学期间重要的一部分,也是为未来工作打好坚实的基础,我认为下面一些能力需要着重进行培养和锻炼。

快速适应环境能力

能够快速地融入美式的校园生活、熟悉境外的生存环境、尽力寻求与社会各界接触的机会。

能够快速地适应新环境及高强度工作,接受一个新的任务后,适应快速的工作节奏、任务绝对不要拖拉,必须快速高效地完成所有工作。

这种素质,能够令职场新人在未来的工作中很快融入工作环境和,熟悉为人处事的规则。

人际交往能力

与主流社会人群的交往能力是留学生中最为缺乏的能力之一。

建议一定要在求学的过程中多与当地美国人接触,多与当地人交流思想、交流感情,学习当地人的思维习惯和处事方式,深入了解整个社会的运行规则。在与同学们、老师们进行交往的过程中,一定要与人为善，用最真诚的态度面对他人，为未来职场的成功奠定坚实的基础。

另外，跨文化、跨语言沟通能力也是国际复合型人材需要具备的能力，也是人际交往能力中最为重要的体现之一。合理的、适当的、得体的沟通和交流可以事半功倍，作为留学生，一定要以一个成年人的心态与别人交往。

学习力

除了对新环境的适应能力非常重要外，学习能力也更为重要。美式的学习环境、工作环境与中国大不相同，能否在短时间内迅速提升，拥有学习能力至关重要。

留学生应该善于学习、主动思考、勇于创新。除了课堂里的教学和项目要认真参与以及与同学、教授的互动要强之外，也要主动训练自己的表达力和领导力。

在表达力方面，需要条理清晰，表达简洁明了，充满活力。美国人是很注重演讲能力的，他们从很小的时候就开始培养这种能力，哪怕个性非常内向的一个人在做演讲的时候也会充满激情、魅力四射。

在领导力方面，可以从课上的小组领导逐步发展到校内外组织活动的领导，一步步提高自己的领导力、远见力、公信力、说服力，

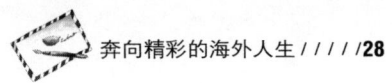

作为国际学生多关注校园的一些比赛和社团活动是锻炼领导力的好机会。

在课堂上，也应该积极、主动地发言，遇到可以举手发言的机会时一定要积极发言，遇到需要做讲演的时候把握机会多多锻炼自己的能力。

需要特别注意的是，上面的表达力与领导力与中国传统文化中的"内敛"完全不同，需要一定的勇气和魄力才能达到目标。

细节规划

在校期间如何做好自己的时间规划？

在校期间，一定要处理好三方面的事宜，即实践、成绩（GPA）和生活。我们认为，实践应该排在首位，而非大家所普遍认为的GPA。

在实践方面，可以多参加学生组织的活动、在校期争取在符合法律规定的情况下多参与实践性的工作（即使是不支付薪水的志愿者工作）。需要注意的是，我们建议留学生和家长一定要有一位专业的法律方面的顾问协助出谋划策，在关键性的问题上，如工作是否符合本地法规等问题方面征求专业性意见。

在学业方面，有针对性地选择自己感兴趣的科目（而非容易取得学分的科目），要有意识地在感兴趣的领域中培养自己的人脉资源，规划好假期时间，选择相对应的科目实践。

在生活方面，减少不必要的社交出行活动，认真把握时间，学会取舍。比如，对于一些没有必要的、重复的派对活动，就可以适当放弃。

我们认为，从大一进校起，就应该对自己的未来做一个非常详细的计划。

如果家长对于海外留学生活较为熟悉，那么可以协助留学生制订这个计划。如果没有清晰的思路，我们强烈建议找一位专业的美国顾问一起指制订这种计划。无论是长期计划（四年）还是短期计划（一个月），都需要有明确的目标。

咨询顾问的好处在于顾问可以对目前就业形式以及各个公司的招聘岗位有一个远期的预期，且通过留学生的最终目标来确定短期的战略和战术。对于信息的把控和掌握，才能使留学生赢在起跑线上。

校内社团活动需要参加吗?

参加学校社团活动是有必要的,但是如果有更好的在校外直接进行社会实践的机会,在有限的时间内,我们认为应该选择校外的实践活动。

即使是不支付费用的志愿者服务也是很好融入美国社会的机会。大部分志愿性的活动是没有报酬的,这是美国社会和西方社会运作的精髓所在(社区精神)。此类活动门槛较低,因此对于学生来讲比较容易申请。

需要注意的是,作为留学生,有些志愿服务活动也需要向美国监管机构申请相关许可,所以事前一定要做好准备。

参加各类实践活动的优势主要体现在以下几方面:

第一,丰富自己的简历,增加社会活动经验;

第二,加入社团,可以锻炼执行力、领导力、判断力和处理问题的能力,在未来真正面对企业面试时,也有故事可以向面试官讲述;

第三,扩大校园和当地社会的社交圈,与更多校内外的行业翘楚有更深层次的沟通和学习的机会。

在选择实践活动时,需要针对自己的兴趣和爱好、擅长的领域进行选择。但是需要注意的是，在留学生选择要加入的社团组织时，应该选择参加那些国际化程度强、美国本土文化浓厚的社团组织。因为这类社团组织更容易与美国企业和社会各界接触，也更容易为社团成员提供机会。

另外，美国的派对文化也是非常浓厚的。很多美国高校知名的兄弟会、姐妹会也是非常容易结交朋友的好场所。无论是高年级还是低年级的留学生，也可以在时间允许的情况下参与，但是必须有一定的"度"，不能沉湎于派对文化无法自拔。

当然，在社团活动中可能会因为语言和文化等各方面的差异遇到某些问题，所以要注意调整好心态，设立好交友和处理事情的底线，不做越轨的事情。

课外活动在求职中起什么作用？

课外活动对求职的重要性不言而喻。在企业进行招聘的时候，拥有多项课外活动经验对于个人应聘有较大的帮助。但是，课外活动的数量并不代表着质量。比如，参加学校体育运动队和参加学校辩论队的加分在大多数情况下会大于参加接送机的志愿活动。

当然，虽然学校的社交活动比较多，但中国留学生在社交方面却缺少应有的训练，缺少必要的应对常识，所以不能在社交中最大化地利用各种资源包装自己。因此，我们建议，中国留学生在参与社交的过程中，一定要充满活力、充满激情、更加努力的向外向型学生发展。

当然，课外活动的含金量与"货真价实"的CPA证书、律师资格证书等是不一样的，而且课外活动的重要性要远远低于实战的实习或者真实的工作经历。

学业、求职和社交应该怎样去平衡？

"Everything is possible"。学业、求职和社交三个方面其实并不存在特别大的矛盾，只是时间管理方面需要进行调整。

作为一个普遍性的规则，我们建议留学生在低年级的时候参加学生社团，建立自己的"种子人脉"。多参与社团活动、社会实践活动，多与前辈们交流思想。

大三大四时，虽然学业较为紧张，但是绝对不能放松求职与社交的机会。一定要利用好长假期、短假期的时间，将时间利用最大化。在假期之前，就应该计划好假期之中应该处理的事宜，将需要解决的事情提前布局好、解决好。

提前准备的期限应该越早越好，在假期开始前一个月，即确定假期时应去之处以及未来实习与工作期间应该完成的任务和后续的内容。

专业老师的推荐重要吗？

对于绝大多数留学生而言，在美国的工作经验和社会关系是比较少的，有价值的资源也比较少。

对于留学生来讲，学校的老师们可能就是自己需要注意的有价值的资源对象。虽然教师行业与社会各界的沟通一般比较少，但是教授在自己相关的领域有一定的成就，也在该领域享有一定的声誉。

因此，我们建议，学生在课堂上一定要提高自己的参与度，多与教授沟通课程内容；主动为教授分担一些非教学类的压力，时常与教授一起交流；如果有机会协助他参加研究项目，一定要认真对待，建立和加强彼此的信任。

有了一定的信任基础后，教授会逐渐认识你、了解你。在机会来临时，可以请求教授推荐，因为之前有过一起合作的项目，这种推荐也更有说服力。

需要注意的是，不同于中国的校园文化和校园体制，美国的教授在没有与学生直接的交流、深入合作的前提下，一般不会主动为学生"背书",这一点一定要注意。

学校的内部会有工作机会提供吗?

一般来说,学校的职业中心(Career Center)经常发布一些学校内部兼职的机会。

除了学校的职业中心,每个院系,比如法学院、商学院等院系内部的职业中心也会不定期地给大家提供相应的兼职机会。除了需要经常查阅电子邮件外,也应该多去院系职业中心咨询。有时候,一些重要的信息可能只放在职业中心的信息通知栏里。

如果有机会,一定要主动和职业中心的负责老师们建立好关系,或许在机会刚刚来临时,他们会在发出公开邮件和通知栏公示之前就想到推荐一个与他们关系最为紧密的学生。

大家可以先看看一些学校的职业中心网址,一睹为快。
https://career.berkeley.edu/
https://gecd.nit.edu

有提供相关信息的学生组织吗？

每个学校的学生组织的情况不一样，有些学生组织非常积极地与社会各界交流，有些学生组织则相对比较封闭，只愿意与本校的学生进行交流。

因此，需要事先对学生组织做一定的背景调查和分析，之后再做出选择。大部分的在美国的高等学校都设有针对中国学生和学者的学生组织，比如中国学生学者联谊会（CSSA）。这类学生组织有时会与一些类似职业规划的非营利性机构、营利性机构合作，举办一些有关与职业发展和规划的讲座。这些讲座内容通常是不定期举办的研讨会及求职规划讲座，邀请各行各业精英及各大公司人事经理与大家分享经验。

在社交媒体非常流行的今天，公众平台能够提供很有意义的信息，所以留学生也可以通过公众平台及时了解各类社团举办各项活动的详情，积极参与进来。对于中国学生类社团，微信可能是最方便的社交媒体，而对于美国主流社团，Facebook、LinkedIn、Whatsapp 应该是更多需要关注的地方。

2016 年 6 月份，JoyCan 团队在美国华盛顿大学与该校学生社团联合举办了第一届实习求职论坛。在这次论坛上，JoyCan邀请到包括微软全球总部教育总监、谷歌高级工程师在内的多位资深人士。在活动过程中，大家与学生们进行了多项互动，也为学生们提供了许多就业信息和就业机会。

实例探讨 | EXAMPLE
JOY · CAN

Joy同学在大二的时候参加了学校举办的resume workshop，该活动邀请了知名企业HR及相关就业辅导人员来为大家详细描述如何做出一份优质的简历。通过专业HR的辅导和帮助，Joy修改润色了自己的简历，发现了自己更多的闪光点，为后来的漫漫求职之路做了良好的铺垫。

在校期间是否要向校友请教经验？

在校期间一定要借助学校全球校友会的广泛资源，多向已经毕业的校友们请教问题。

美国的知名高校中都有分布全球的校友会网络，除了中国校友会以外，包括韩国、日本、欧洲等国家和地区校友网络也都是留学生的一项有利资源。

在校期间，如果有打算去欧洲实习或者工作的想法，就可以主动联系已经在欧洲的校友们，向校友们寻求帮助。通常情况下，校友们都很愿意帮助学弟和学妹，只要要求不是特别的过分，且在合理的、力所能及的范围之内的话，基本上都可以满足相应的要求。

―THREE ■――――

技巧能力篇

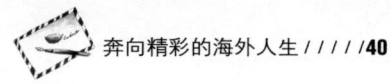

求职材料

个人履历（CV - curriculum vitae）

CV 是什么？

履历，是将申请人的学术成果和主要成绩进行较为全面的概括总结。

简历（resume）的不同点在于，简历是把和求职目标相关的技能、工作经验有条理地写出来。

学院、综合性大学还有研究机构在招聘讲师或研究员时，有时候会要求持有硕士或博士学位的应聘者递交个人履历（CV）的。大学生在考研或应聘此类机构时，有时也会要用到个人履历。

如果想看一份完整的个人履历，可以登录美国各大学的网站，这些网站上通常都有教授们的介绍，有些教授会把自己的 CV 完整的放在网站上，大家可以仔细研究并参考。

起草 CV 的注意事项？

行文架构一定要清晰、明了、简洁、有条理，特别是在履历中突出资历和成果的部分。

语言标准、语法规范

语言表达必须地道、专业，语法不能存在任何问题。如果语言和语法上出现任何问题，都是致命的，很有可能立即失去任何机会。所以，如果对语言问题因为英语不是母语的关系，在起草 CV 的时候，建议一定使用专业的机构协助。

标题明确、内容有序

履历的标题一定要明确写明自己的特点。履历按照时间顺序或者重要性进行排序。对于经验不足的应聘者，可以把教育背景、学术背景放在前面；对于经验丰富的应聘者，可以将主要工作经历放在前面。

排版简洁、重点突出

排版要和内容风格相辅相成,绝对不可以过于花哨以至于影响到阅读体验。上下左右的间距都需要适当。如果部分字体适当加粗,段落之间保持间隔,也会令人读履历时感到轻松、丰富。

注意细节

"Devils are in the details."这句话恰好体现了制作履历的要求。在正式发出 CV 前,一定要多次征求各方面的意见和建议,特别是找母语是英文的朋友、同学、老师或者专业机构进行审阅,一定确保在细节上不存在任何瑕疵。

‖ 个人简历(Resume)

什么是个人简历(Resume)

个人简历(Resume)是个人履历(CV)的"精华版"。如前所述,简历的内容要把个人技能与所应聘的工作联系起来。

在审阅简历时,招聘者拥有最大自由的权限。虽然很多人认为自己的简历做得很好，但是经常投出去之后便石沉大海。造成如此结果的原因，除了应聘者自身的条件不过硬外，还因为简历的设计不够吸引人。

招聘级别较低的职位，看简历的人通常是人事部门级别较低的员工，比如助理。人事助理并不会仔细查看简历中的每一项内容，因此，一份简历能否在几分钟甚至几秒内博人眼球是非常重要的。

因此，简历的书写内容和书写技巧就非常的重要。

撰写简历的小技巧

动笔之前，应该对以下问题做一个头脑风暴，并将搜集到的信息总结出来。

— 过去的教育经历，国内、国外、从高中到大学

— 在哪里工作过、实习过

— 在哪些具体部门工作过、实习过，承担的具体工作内容是什么

— 论文、出版刊物的发表情况

— 已经获得的重要奖项

— 哪些技能是与众不同的

— 主要的爱好有哪些

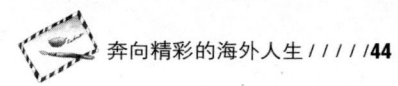

- 在工作的过程中为雇主提供了哪些可以衡量的、实在的、可以短期变现的价值

有了以上的素材之后,就可以将重点的部分挖掘出来,将没有必要的部分及时抛出去。

接下来,就要开门见山地点明自己有哪些与所申请职位(或行业)密切相关的工作技能和工作成就。如果申请的职位是不同的,我们建议准备多个版本以应对不同的申请岗位的需求。

有些规模较大的招聘企业,可能会运用一些特别的技术,比如扫描系统来先过滤一部分简历,只有通过了这个扫描系统的应聘者才会有机会进入下一轮审核,即真实员工的审核。

我们经过系统性的研究以及对于资深人力资源经理的访谈,总结出以下可能通过第一轮技术扫描的方法。

完整答题

在线申请(网申)通常会有一些可以自由发挥的问题,这些问题通常没有要求必须回答。我们建议,如果遇到这样的非必答题,请一定不要留下空白。雇主的扫描系统可能会进行一个条件设定,要求所有回答不能为空白,筛选掉一部分申请者。如果留有空白,那么很可能不能进入第二轮审核。

编辑细节

对于语法、语句等基础内容一定要避免出现任何错误。我们建议先使用 Microsoft Word 软件将错别字识别后再复制、粘贴到网申系统。

员工内部推荐系统或体制

如果申请者认识某个欲申请公司"内部人士"的话，可以让这位内部员工进行推荐。如果通过这个系统或者体制进行申请，可能会省去第一轮不必要的扫描过程。

关键词的出现频率

公司的职位说明中会有一些重要性的字词，这些字词是撰写简历的关键之一。简历应该突出那些具体申请的职位所需技能的词汇，这样电子系统的甄别标准很可能是这些关键词的出现频率。当然，更加先进的识别系统还可以识别出上下文的语境。

适度编排

标题的出现可能是筛选的重要指标之一，所以应该用合适的标题表达内容的精髓。但是，使用大标题、脚注、表格、模板、花边、分割线、图标、阴影效果、装饰性字体、彩色字体等编排方式是撰写

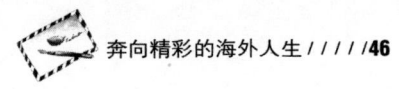

简历的非专业的表现，这些排版方式一定要避免。

具体建议

简历要保证简洁大方，绝对不能过多修饰，也不能太过花哨和复杂。

排列顺序

·教育背景。作为在美国求职的"菜鸟"，留学生最好以教育背景作为简历的第一项。事实上，很多美国大学的职业中心都是这样要求自己学校的学生，这也是美国雇主们不成文的要求。

·实习与工作经验。这是简历的重点部分，需要认真思考后再下笔。每一项实习与工作经验都要很详细地罗列出来，并进行简单的说明。

·个人技能和领导力。这部分要与实习与工作经验结合起来。在每一个实习与工作经验的下方，将这些实习与工作所培养出的技能写出来，用具体的事例支撑论点。

·个人爱好。个人爱好可以从侧面反应一些不同的信息。用人单位可以通过个人爱好来了解应聘者的性格特点和家庭背景等。

- 所获奖项。无论是学院级、校极还是国家级，也无论是在美国境内还是其他国家获得的奖项，一定要列在简历当中，奖项的多少也反应出应聘者在同龄人当中的竞争力。

适时修改

如前所述，因为职位或者公司的不同，简历的内容也应该有所不同。简历的修改除了要针对公司、职位的不同外，也要有针对时效性做适当增减。我们建议，每个月都应该对简历进行重新审阅，如果确有必要，应该进行实时的、针对不同职位的修改。

真实可靠

我们强调，美国是非常注重诚信和法治的国家，因此，简历中不要有任何虚假的成分。当然，适度的包装是可以理解的，这种适度的包装应该建立在对真实了解所参与项目的基础之上，否则在真正面试的时候，就会出现非常尴尬的局面。

注意事项

- 简历最好只有一页。许多职场新人说："怎么办，一页纸挤不下。"但是，无论在什么情况下，都必须要一页纸，该删的要删去，该精炼的要精炼。一个负责招聘的人力资源部门的员工可能只有几十秒看一份简历，如果在几十秒之内没有办法吸引他的注意力，那么两三页纸也是无济于事的。

·不需要放过多的私人信息，包括照片、生日、年纪、种族和性别等。美国的《劳工法》有严格的规定，上述信息都不能作为应聘的要求，所以放上这些信息也没有用。

·不需要把每一个经历都放在简历上。根据投递的职位去选择相对应的工作经历，正是因为这个要求，我们要求准备多个版本的简历。

·那些写不下，或者相对来说并没有很出彩的经验可以放在最后，注明工作职位，公司名称，工作时间即可，或者可以在其他版本的简历中使用。

·使用一些具体的数量词、特定的单元词汇等来具体说明工作经历，会使内容看上去更真实，更有说服力，比如，Successfully Managed a Project with Investment Amount over 10 million.

·注意在简历的前后呼应。在个人能力和技能的总结方面，一定要在提及的工作经验中表现出来，以加深用人单位对简历的深刻印象。

不推荐在美国使用的简历版本

· 不符合美国求职者在美国通常使用的模板类型；

· 这个简历模板是中式思维编辑下的模板类型；

· 有不少语法错误；

· 仅供参考和对比之用。

Zhangsan@Zhangsan.com

Zhang San

Ideal Position: Administrator / Assistant

(+86) 110-110-1000

No. 123 lane, 26 Qiaobu Road

Qiaobu District, Shanghai

Skills & Certifications

Expert in MS office word, ppt, excel

Familiar with Adobe Acrobat, Photoshop

Language Certification

CET 6 (Excellent)

Chinese Mandarin Level Test (Top Grade)

Experience

People's Center

Market Research Intern

7/2011 to present

· Carried out desk research independently and assisted Project Specialist to write Market Intelligence Report

· Made cold calls when necessary to collect information as well as to set up meetings for clients

· Logistics support to ongoing business and governmental projects and activities

· Provided translation support to project team on bidding document and company files

Starbucks Coffee Hongqiao Branch

Trainee

1/2012 to 9/2012

· Took charge of daily cash flow and expenditure of the coffee shop

· Won "The Best Waitress Prize" for good service and fluent English

· Put the knowledge of accounting into practice

· Acquired the whole operation process of the restaurant

Education

JOB University

Business Management in Management School

9/2010 to 7/2014

· Bachelor Degree

Deutch in Language School

9/2011

Jobtown Education Center

ERP Training Program

Class of 2011

· Program Trainee, taking charge of team operation

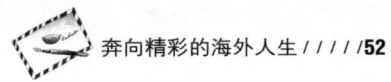

推荐在美国使用的简历版本

（本部分参考了哈佛大学职业规划中心的模板）

Michael Lewis

Michael Tower· New York ·NY· 10022

michaellewis@michaellewis.com·917-917-917

Education

HARVARD UNIVERSITY

Cambridge, MA

Degree, Concentration. GPA [Note: optional]

Graduation Date

· Thesis [Note: optional]

· Relevant Coursework: [Note: optional. Awards and honors can also be listed here.]

NAME OF HIGH SCHOOL

City, State

[Note: May include GPA, SAT scores, or academic honors an employer may want to know]

Graduation Date

Experience

PEGANIZATION

City, State

Position Title

Month Year – Month Year

· Beginning with your most recent position, describe your experience, skills, and resulting outcomes in bullet or paragraph form.

· Begin each line with action verb and include details that help the reader understand your accomplishments, skills, knowledge, abilities or achievement.

· Quantify where possible.

· Do not use personal pronouns; each line should be a phrase rather than full sentence.

ORGANIZATION

City, State

Role

Month Year – Month Year

· This section can be formatted similarly to the Experience section, or you can omit descriptions for activities.

· If this section is more relevant to the opportunity you are applying for, consider this above your Experience section

Skills & Interests

Technical

List computer software and programming languages

Language

List foreign and your level of fluency

Laboratory

List scientific/research lab techniques or tools

Interests

List activities you enjoy that may spark interview conversation

Ⅲ 求职信（Cover Letter）

求职信是什么？

有些招聘机构要求应聘者将求职信和简历一同寄出，有时甚至对求职信的字数有下限或者上限。

求职信主要是用来介绍应聘者的基本信息，所以要重点强调应聘职位所需的资历。

和准备多版本简历一样，由于不同的招聘单位有不同的要求，应聘者（求职信起草者）也应该针对具体情况对求职信进行相应的调整，准备不同的版本。如果只使用一个版本的求职信来应对不同公司和不同的职位，很可能会在第一时间被淘汰。

求职信的特点和作用

· 通常是简历的更详尽的版本，着重强调相关技能；
· 着重写出对所应聘公司的具体了解，向公司展现出积极的工作态度；

·求职信的整体风格需要写得积极生动、真挚独特，引起雇主想读下去的欲望；

·通过求职信的阅读，招聘方也能从中看出写作风格、写作水平如何。

求职信怎么写？

第一，准备阶段

1. 了解招聘企业信息

应聘前，需要对所应聘的机构有充分的了解，可以通过公众平台的搜索、雇员交流、阅读相关文章等验证上述的搜索是否符合预期想法。如果对于某家或者某几家公司有强烈的兴趣，可以通过订阅 Google News 等新闻来持续跟踪公司动态发展情况。

2. 仔细研究职位的说明

职位说明十分精确地介绍了了招聘者的标准，职位的相应职责、应聘者所具备的资历等都按照重要性依次列出。通过一些重复出现的关键词，也可以看出招聘公司看重什么应聘者的什么资质。

3. 分析你的背景信息

看到心仪的公司和职位，先问问自己能够凭借什么胜任这份工作？在过去参加的课程、工作、实习、志愿活动中，做过什么相似的工作？

第二，整体规划

·求职信简短一点为佳：三到四段，一页纸；

·在开头列出联系方式，可以采用简历的格式，也可以左对齐或右对齐；

·如果有可能，最好把收信地址和收件人具体到指定的招聘者（尊称他/她的姓名）。如果不确定收信姓名，可以上网搜索该机构信息，或者直接电话咨询，然后再加上他/她的职称即可。

·如果不能确定，可以统称为 Dear Sir/Madam；

·求职信的语言要用主动语态。把整篇文章写得积极向上、专业性强，多用"I"开头；

·绝对不能出现语法、句法、拼写错误；

·以电子邮件形式发送邮件时，可以把求职信直接写在邮件正文内容中，也可以和简历一起作为附件上传。在邮件内容里面简短地说一下所申请的职位，提醒对方注意查收附件即可。

第三，正文建议

1. 自我介绍

·开头先解释一下为什么写这封信，说明应聘的职位，从哪里得到的招聘信息，然后做简单的自我介绍；

·如果是经人推荐的，在求职信中一定要说明推荐人是谁，当然事先要征得推荐人同意；

·接下来，针对公司的经营特色，阐述为什么想要应聘该公司（这一点非常重要，有招聘公司会把它当作衡量职工的一个重要标准）。

2. 主体部分

·着重强调自身与该职位相关的资历，强调并突出本人的工作能力；

·多写长处和优势，用具体事例解释说明，但是切记不要将经历全部罗列出来；

·阐述应聘者在过去学到了哪些技能、有哪些进步，强调这些技能都可以再次运用到所应聘的职位中去；

·求职信主体中的每一段都要围绕所申请的行业、机构和职位展开；

·通过一些搜集到的资料，向招聘方说明对自己公司已经有了充分的了解，并且愿意投身到这项工作中去。

3. 结尾

·向收件人表达诚挚的谢意，可以再次提及对这个职位的期待；

·再次亮出搜集到的、精彩的、有用的公司资料，说一说为什么想要申请这个职位，并再次总结为什么应该得到这个职位；

·结尾时要非常客气，但是没有必要再次将联系方式写到这里边。

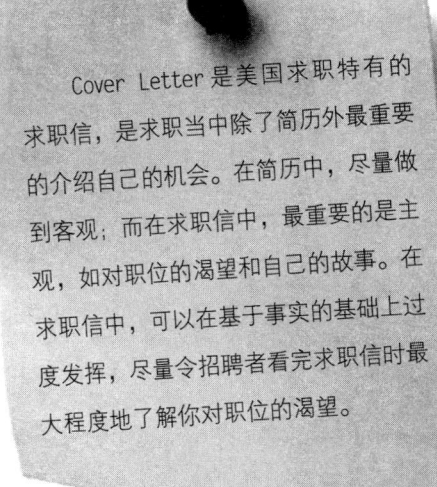

Cover Letter 是美国求职特有的求职信，是求职当中除了简历外最重要的介绍自己的机会。在简历中，尽量做到客观；而在求职信中，最重要的是主观，如对职位的渴望和自己的故事。在求职信中，可以在基于事实的基础上过度发挥，尽量令招聘者看完求职信时最大程度地了解你对职位的渴望。

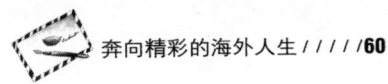

有哪些可以借鉴的模板?

模板一

Address

Dear Michael（具体的名字）

Dear Michael Corporation（公司名字）

Dear Recruiting Manager（招聘经理）

Dear Sir or Madam（招聘人士）

Opening（开场）

I am writing to apply for _____ position at Michael Corporation. Through_____ I learned about this position.（这里最好能放一个你在这个公司当中聊过天的人的名字，如果没有的话，也可以写 **by on-campus information session** 或者学校的网站）I believe my_____ and_____ experiences make me a qualified/outstanding/excellent candidate for the position.

Body(正文)

正文部分应该总结一下和申请职位相关的经历。

可以一段写工作经历,一段写学术经历,一段写课外活动。

Conclusion(结论)

最后一段是强调你为什么想申请这一家公司的这个职位的好机会。

最后,表达感谢、期待(再次)见面和会晤。

模板二

Your Full Name

Address

Phone number

Mobile number

Email address

Company name

Address

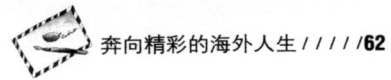

[Date]

Dear Michael,

Re: Application for the Position of Senior Marketing Officer

I am writing to apply for the position of Senior Marketing Officer at your company.

With a Bachelor's Degree in Marketing at Harvard University, I started my career as a marketing officer at Microsoft Corporation in June 2011. The scope of my duties included online marketing and event management. I have a can-do attitude and international ability make me a strong candidate for the advertised position and I am certain that my experience and industry exposure will add value to your company.

Please see enclosed a copy of my resume. Thank you very much for considering me for the above vacancy. A meeting to discuss with you further my acumen and aspiration would be appreciated. I look forward to your favorable reply.

Yours faithfully,
Amy Chan

CPT 与 OPT

I CPT

什么是 CPT?

作为一名在美国读书的留学生,是有机会在专业的范围内得到真正的实践机会的。CPT（Curriculum Practical Training）是两种合法的方式中较为简单的一种。

可以将 CPT 定义为在正规的学习过程中的、一项课外的实践性训练过程。使用 CPT 工作时,学生必须在工作实习的同时在学校选有学分的课程,正常缴纳学费,而且必须事先得到学校里负责国际学生部门的批准,这项批准将直接作为备注放到学生所持有的 I-20 表格上。

不同于下面将要讲述的 OPT,CPT 的申请通常并不需要美国移民局的批准,只要国际学生部门同意即可。需要注意的是,向国际学生部门提交申请时，必须已经有雇主愿意提供实习工作且该工作必须要和自己的专业相关。每个学校的审批时间不同，正常情况下，五个工作日即可以获得批准。

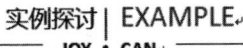

实例探讨 | EXAMPLE
JOY · CAN

Can 申请暑假实习的时候用的就是 CPT，他选择了一门选修课作为自己的 CPT 课程，因为在暑假实习，全职也只用 3 个学分。

谁可以申请 CPT？

持有学生签证 F1 的全日制就读的在校学生，可以申请 CPT。通常情况下，申请的学生必须要完成一年度学期的学习后（9 个月），才可以申请。该工作每周不能超过 20 小时，但是在学校放假期间，是可以全职性工作的，并且不受每周 20 小时的限制。

申请 CPT 要准备什么？

每个学校负责国际学生的部门是不同的，具体材料的准备需要以该部门的要求为准，可能需要的文件种类如下：

- 护照原件、复印件
- 签证原件、复印件
- I20 表格
- 工作单位的雇用邀请函（Offer Letter）
- CPT 申请表格

CPT 的申请表格是比较复杂的表格，可能需要留学生、院系负责人、国际学生部门的三方的负责人共同完成。

有些学校要求，申请 CPT 的前提条件之一是申请者所在院系需要认可 CPT 的价值，即算作学分；如果申请者所在院系要求所有学生必须有实践经验，则上述要求可以不做约束。

CPT 的申请时间及持续时间？

CPT 作为课程实习的一部分，理论上应该在每个学期开始的时候申请。

如果实习横跨长假期，理论上可以在新的学期再次进行申请。

CPT 仅仅针对一家实习/工作企业。如果在 CPT 期间，需要更换另外一家企业时，则需要再次申请 CPT。

CPT 的时限？

"part time CPT"允许留学生每周的校外工作不超过 20 小时，同时全职在学校上课。

"full time CPT"（一般是长假期）则不限工作时间，但是要兼顾上课（即需要注册暑期课程）。

需要注意的是，虽然在某些情况下可能有例外，但是"full time CPT"如果累计超过 12 个月，则不能在未来申请 OPT，但是"part time CPT"是不存在这个问题的。

‖ OPT

什么是 OPT？

OPT 是 "Optional Practical Training" 的缩写，即留学生通过这

个项目，在美国的雇主单位进行工作，以便在自己所学的专业里真实地获得社会工作经验。

OPT是可以让留学生在美国毕业以后，在美国合法工作的一种身份许可。不同于CPT，OPT的许可部门是美国的联邦政府机构之一的美国公民及移民服务局（USCIS, U.S. Citizenship and Immigration Service），留学生只能经过学校并通过USCIS机构申请工作许可。

如果申请通过，USCIS会向留学生发出美国工作许可证（EAD卡），有了这个许可之后，就可以正式地在美国雇主处工作。

OPT的时间一般为一整年，但是如果你是美国政府认可的STEM（科学、技术、工程、数学）专业背景毕业的学生，那么可以延长一定的时间。

实例探讨 | EXAMPLE
JOY · CAN

在获得Return Offer后，留学生需在毕业后向学校申请OPT，随后就可以合法在美国工作了。

谁可以申请 OPT？

持有学生签证 F1，即将或者已经完成学业的注册在美国高校的全日制的毕业生都可以申请 OPT。但是持有 F1 签证，所学的内容仅仅是语言类的集训的毕业生是没有资格申请 OPT 的。

关于 OPT 的工作要求？

OPT 的工作内容必须直接地与所学的专业相关，如果与所学专业无关，即违反了相关的美国法律规定。

我们发现很多的留学生在 OPT 期间从事的工作是与所学专业无关的，虽然很多情况下并没有得到执法部门的注意，但是实际上这种行为还是违反了相关的法律规定。

比如，专业是金融工程专业的学生，在 OPT 期间却在一家教育公司从事留学招聘的工作，那么就很难证明他的 OPT 是合法的。

OPT 的工作可以是带薪的，也可以是无薪的（志愿者）的工作。如何进行选择，是留学生需要斟酌的问题。

OPT 的价值

OPT 结束后,带着仅有的一年工作经验会比其他毕业生更有应聘优势吗?

答案是肯定的。每年,从归国留学生的数量成倍增长,但是真正在海外有工作经历的留学生的数量屈指可数。

面对从各国学成归来的留学生之间的竞争以及留学生与本土毕业生的竞争,是否在海外有工作经历是未来能否在国内找到一份满意工作的制胜法宝。

从另外一个角度来看,海外工作经历对于丰富人生经历、人生阅历也是十分重要的,是人生中不可缺少的一方面。

H1B 是什么?

H1B 是一种最为普遍的、为外国人所使用的工作签证。H1B 工作签证每年有 65,000 个发给至少拥有学士学位的申请者,每年有 20,000 个发给至少拥有硕士学位的申请者。

H1B 签证类别下,还有另外一种细化类别,称为 H1B1 签证。该类签证种类需要特别发送给两个国家的公民,即新加坡公民(每年

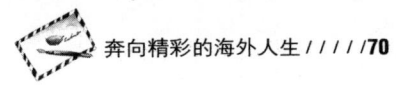

拥有 5,400 个名额）和智利公民（每年拥有 1,200 个名额）。

因此，实际上每年只有 58,200 个名额是供其他国家的公民使用的。

有些工作是不受到上述名额限制的，比如高等教育机构、非政府组织和政府研究部门。

H1B 签证的有效期为三年，一般可以延长一次。

如何与雇主谈论协助申请者申请工作签证（H1B）？

除了世界五百强企业之外，美国绝大多数雇主对于 H1B 签证一无所知。因此，我们认为雇用专业的机构与雇主进行对接工作是非常重要的。

在雇主对于 H1B 比较了解之后，在适当的时候，特别是建立了足够的信任的基础上，可以公开、透明地谈论协助申请者申请工作签证。在沟通过程中，一定要向雇主说明，为什么要雇用本人以及本人加入公司之后究竟可以为公司带来什么样的贡献。

持有 H1B 身份是否可以跳槽到另外的公司？需要注意什么呢？

近一段时间，这部分的规定变动比较迅速，我们建议已经持有

H1B 工作签证人士咨询专业人士。

就目前的规定来说，新的雇主必须为雇员申请新的 H1B 签证，这类签证通常不受名额的限制，除了一些例外的情况。在转换雇主的过程中，需要向移民局出示证据，证明在上一份工作时保持合法的 H1B 身份。

更换雇主是否需要重新抽签？

首先要确定你的工作是否占用 H1B 名额。

其次，正如上文所述，有些情况不占用 H1B 名额（雇主是高等教育机构、非营利机构、非营利的研究机构或者政府研究机构）。确定了你的职位是否占用 H1B 名额后，这个问题可以分四种情况考虑（实际情况可能更加复杂，建议咨询专业机构）：

- 旧工作占用名额的 H1B，新的工作占用名额的 H1B
  →不需要重新抽签。
- 旧工作占用名额的 H1B，新的工作不占用名额的 H1B
  →不需要重新抽签。
- 旧工作不占用名额的 H1B，新的工作不占用名额的 H1B
  →不需要重新抽签的。

- 旧工作不占用名额的 H1B，新的工作占用名额的 H1B
  →需要重新抽签。

STEM 专业是什么意思？

STEM 通常可以涵盖工程类、数学、电脑科学、自然科学（包括物理学、生物学、农业科学）等领域的相关专业，我们建议，在美国联邦政府机构的专业网站上查询最新公布的专业名单。

STEM 专业 OPT 的时间近些年来变动幅度较大，就目前最新的信息而言，STEM 专业的 OPT 时长可以高达 36 个月。

巧用领英

LinkedIn 简介

在网络上对于 LinkedIn 的介绍文章非常多（中英文均有），在下面的部分中，我们仅就与求职方面相关的内容进行阐述。

LinkedIn 是什么?

LinkedIn 是一款社交软件,该款社交软件的主要功能是链接职场人士,并向公众和潜在商业合作伙伴展示自己教育背景、工作背景,是一款在未来可能代替简历存在的社交平台。

如果说 Facebook、微信主打的是熟人社交,那么 LinkedIn 则是一款相对非熟人的社交和求职平台。

使用 LinkedIn 的最终目的是向其他 LinkedIn 的使用者展示自己的过去经验,因此,对于 LinkedIn 的版面内容的设计则非常重要。好的版面、语言可以展现出使用者的基本能力和功底,LinkedIn 朋友的质量也可以展现出一个人的综合素质和能力。

我们强烈建议要在专业人士的指导下修改 LinedIn 的主页,以达到拥有良好第一印象的目的。

LinkedIn 的几个特点

数量限制

- 一个账号大概可以拥有第一层级社交人士 (1st degree

connection）的数量是千位名左右；

·免费帐户可以添加陌生人的数量有一定限制；

·由于 LinkedIn 会员层级的不同性，能够主动向陌生人发出邀请、主动向陌生人发出 LinkedIn 内部邮件（inmail）的机会数量也不一样；

·一个免费帐户可以加入的兴趣小组的数量不超过 50 个。

付费客户

·允许付费客户给任何人发送 inmail；

·可以让付费用户看到 3rd connection 的个人资料，由于 1st 到 2nd 到 3rd 基本是一个指数级的增长关系；

·查看有哪些人看过自己的资料；

·可以向陌生人发送好友邀请；

·仅针对付费用户开放的比较复杂的搜索和计算功能。

猎头（Headhunter）联系人

通常来讲，比较知名或者有影响力的猎头都是付费客户，反之，没有太多影响力的猎头不愿成为 LinkedIn 的付费用户。

作为留学生，如果有机会可以将这些付费性的猎头加入自己的朋友网络，那么对于未来的求职、职场晋升都可能有一定的帮助。这类猎头针对的社交人群通常是那些级别比较高的、工作经验比较丰富的职场人士。

与付费性的猎头相比，一般的猎头通常更愿意接受陌生人的"骚扰"，因为他们明白，这些潜在的第一级别的关系网络（1st Degree Connection）可能会为他未来带来潜在的效益，即使这些第一级别的关系网络的个人可能是职场新人。

LinkedIn 小组

LinkedIn 作为交流的平台，为会员们提供了兴趣小组这一平台。兴趣小组大体分为了两类，即开放性平台和私密性平台。开放性平台的加入并不需要平台负责人的批准，而私密性平台的加入则必须得到平台负责人的许可。

小组成员可以按照兴趣、话题在小组里进行讨论，也可以分享一些新闻、时事评论等内容。对于中国留学生来讲，小组功能的好处在于可以使留学生融入主流社会对某一类型话题的讨论之中，并学习其他小组成员的思维模式。

另外，值得一提的是，作为一个小组的成员，是可以给成员之间互发邮件的。因此，如果职场新人希望通过某种渠道直接联系到某公司的招聘人员，可以先加入他/她参加的小组，再通过 LinkedIn 内部邮件进行联系。

‖ 通过 LinkedIn 求职

对于中国留学生来讲，LinkedIn 是一个非常好的求职领域的利器。

当然，如前文所述，"打铁还需自身硬"，在操作和使用 LinkedIn 求职前，必须要有一个完美的 LinkedIn 主页。有了这把利器之后，就可以通过以下方式进行 LinkedIn 求职。

如何加入兴趣小组？

有了 LinkedIn 的个人主页之后，除了加上自己的已经有的联系人之外，就应该在自己感兴趣的领域加入比较活跃的兴趣小组。

在兴趣小组里，会发现很多该领域内的专家、学者和前辈，应该多听听他们的发言。对于自己比较感兴趣的成员，可以点开他的主页，研究一下他的教育背景、工作经历等。

作为小组成员，既拥有向他们学习思维习惯和观点的机会，也拥有通过阅读他人的主页而获得努力方向的机会。我们建议，加入LinkedIn越早越好，且要多加入一些兴趣小组。

如何变得更加活跃？

主动发言、联系关键人士、"观摩"一定时间之后，就可能对小组里一些人的观点、背景等有了更加深入的研究和了解。那么，在适当的时候，比如在组"潜水"一年之后，就可以开始主动发言了。

发言的过程是让小组成员了解自己的过程，也是推广自己的好机会。如果在潜水期间，通过对帖子的跟进，话题的研究，已经对活跃用户有所了解的话，那么就可以主动利用LinkedIn内部邮件沟通体系向该用户发出好友申请。如果关键人士愿意接受此类请求，那么对于留学生来说必然是好消息，因为未来在重要的事宜上就可以直接联系到关键人士了。

如何开始主动出击？

完成以上内容之后，使用者的LinkedIn关系网络应该包括了多种人士，即熟人网络以及刚刚建立的陌生人网络。

比如经常可以在动态圈发布最新的学习成果、项目成果、求职需要，或者针对自身情况向有质量的联系人直接发送 LinkedIn 内部邮件来请求求职与社交的机会。

如何进行 LinkedIn 搜索？

LinkedIn 的高级搜索是一项非常有效的功能，这个功能的筛选条件非常多，也是找寻有价值的联系人的最有效的方式。

比如，留学生想找到在 Microsoft 总部工作的校友，那么就可以通过输入自己毕业的学校以及微软两项来筛选出联系人。有了这个联系点之后，还可以通过筛选公司的职位等来确定需要联系的人，比如选择级别在 Vice President 以上，则会出现一系列在微软工作的、VP 以上级别的校友名单。

利用这份名单就可以尝试着使用 LinkedIn 内部邮件或者加好友的方式与这个人取得联系。发 LinkedIn 内部邮件也好，加好友也罢，都需要一段简单的内容表达，即为什么要联系他/她。在撰写这段文字时，要特别注意两点：第一，简要，一两句话说明为什么要联系他；第二，不能存在任何语句、语法方面的问题。如果有必要，这段内容的撰写最好请求一些专业人士的协助，毕竟添加好友的机会可能只有一次。

是否有人会通过朋友的邀请，或者认真回复请求确实是个未知数，但是只要内容恳切、要求合理，通常情况下他们是愿意帮助求职者，特别是外国留学生的。

如果有机会可以邀请他面对面地喝咖啡聊一聊，那么一定要抓住机会，多向他们学习和请教。

如果通过 LinkedIn 的方式找到陌生的聊天对象时，留学生们应该明白以下几点：

首先，与陌生人谈话，开始都是很紧张的，因此需要更多的训练；

其次，谈话过程中，可能会有很尴尬的情况出现，比如经历不一致、缺少共同话题等，但千万不能有挫败感，毕竟这也是成长和成熟的一个过程；

再次，充分利用好"学生"的角色，多向美国前辈学习。大多数美国人有导师情结，即他们愿意与后辈分享自己的成功与失败的经历；

最后，需要特别要注意的是，无论聊天的成果如何，一定要向他们表达感谢，发送一份简短电子邮件即可。

面试技能

┃面试基本常识

如何彼此深入了解？

招聘方很愿意通过面试了解一位外国学生的工作资质和热情，是否可以融入美国社会、能否轻松愉悦地融入企业的环境中去。面试是最直接地、面对面地进行深入了解外国学生的一个环节。当然，因为竞争者很可能有诸多本土学生，因此，对于留学生而言，交际能力、个人爱好以及整个过程中的形象展现要具有极大的竞争力。

对于应聘者来讲，在这种互动的氛围下，和对方可以有面对面的交流，也基本上可以把握住要点。通过面试实际了解这家美国企业的综合实力、人员构成、公司的工作环境和氛围，以及是否适合外国人工作，同时也能了解公司的职责分工、组织体系、从事领域是否符合预期等。

需要准备什么?

做好尽职调查

很多美国企业都反应,很多中国应聘者在面试的时候都没有认清自己的能力、水平,也没有主动了解公司的背景、开放的职位以及公司在本行业的地位。这些应聘者没有做好基础性功课,也没有对公司所在的行业有所了解。所以,应聘者应该多关注上述信息。

而关于应聘者的能力和水平问题,很多中国留学生在应聘时对自己的能力过于自信,以至面试中型规模的企业时,有意或无意地表达出"非五百强企业不去","面试你们这家企业是给你们面子"的意思。这种情况非常普遍,但这是非常不理智、非常幼稚的行为,当然,也是缺少训练的表现。

认清求职目标

应聘时必须要明确自己的求职目标,即,明确最终需要达到的目的是什么?有些人可能并不喜欢所应聘的公司,怀着一种训练的态度参加面试;有些人可能非常希望加入公司,抱着一种志在必得的心态参加面试。无论面试者的求职目标到底是什么,都需要根据面试的实际情况，明确自己的想法、明白地向面试官表达自己。

当然，求职者在面试前一定要客观地、理性地梳理自己的资历、教育和背景，做到胸有成竹，不要过高或过低地设定自己的目标。

模拟面试

面试在很多情况下是有一些简单规则的，有些问题确实可以提前进行准备。准备的过程中，有些应聘者将问题和答案都写在纸上，这的确可以促进记忆，但是很遗憾，这不是最有效的方法。

我们认为，模拟面试才是最有效、最省时的方式，也是最接近于面试的有效方式。在条件允许的情况下，可以选择专业机构，找到专业顾问，让专业顾问对应聘者进行模拟面试，并针对其表现风格、肢体语言提出意见和建议。

‖面试流程

面试前的准备有哪些？

以下清单内容对于面试前的准备非常重要：
- 个人证件，如驾照、护照、社会安全号、工作许可证；

- 学位证书、获奖证书；

- 简历、求职信、职位说明、公司介绍、行业介绍；

- 便签、笔、文件夹；

- 名片（如有）；

- 阅读上述资料；

- 交通路线（尽量选择不耽误时间的公共交通，比如地铁）；

- 个人卫生，衣服、鞋子、袜子要得体；

- 充足的休息，如面试的前一天一定不要饮酒。

面试中的准备有哪些？

从到达面试地点到离开面试地点，应聘者需要注意如下事项：

- 尽量提前15分钟到场；

- 对所有见到的人都要有礼貌；

- 电子设备需要关机；

- 女性面试者，可以画适宜的淡妆，可以适当喷一些不浓烈的香水；

- 注意仪表、姿态、手势；

- 认真听面试官说的所有的话，如果听不懂，或者听不清楚，一定及时打断，不能去猜测面试官的问题；

・注意自己的语速，没有必要讲得过快，把意思传递清楚最重要；

・多讲一些实际参与的项目案例，细节地说明做过哪些工作，担任过哪些角色等；

・可以适当谦虚，但不要让面试官觉得不能胜任该职位，面试的目的是展示自己优越的背景和能力；

・主动向面试官索要名片或者其他联系方式，方便以后联系之用；

・面试结束后，一定要主动表达谢意，并可以视情况主动询问何时可以得知面试结果。

面试之后应该做些什么？

撰写感谢信

在美国的文化和商业环境下，面试后的感谢信是不可缺少的一部分。

这封信的内容主要应该包括适度的寒暄、面试的简单回顾、面试的基本感受、补充一些遗漏的信息以及表达希望在公司工作的强烈欲望。

这封信应该以电子邮件形式发送，且尽量在面试后的48小时内发送。邮件中应该将发信人的基本信息和联系方式写清楚。

等待面试结果

很多企业并没有发送"拒信"的习惯，在等待期间可以随时关注公司招聘网站，查看这个职位的招聘是否已经结束。如果等待时间太长，依然没有官方的回复，则有必要向面试官发送邮件询问，如果依然没有回复，则可以尝试打电话询问。

冥想反思

无论面试结果如何，在等待面试结果期间或者之后，都应该拿出一定的时间进行反思和思考，即哪些要点和内容是值得继续发扬的，哪些内容是应该弥补的，哪些话题是应该避免的等等。

准备下一轮面试

通常情况下，下一轮面试官的级别更高、问题更加专业，对应聘者的要求也更高。除了第一轮的一些常识性准备外，应聘者更应该对专业性的知识加以总结、归纳，并用流利的语言表达出来。

可以咨询专业机构的顾问，对专业性质比较强的面试内容和面试问题加以准备。

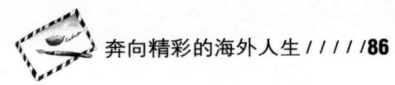

收到面试结果

如果面试的最终结果是不幸被淘汰的话,也一定要用邮件的形式向公司表达感谢,同时也向公司说明希望未来有机会可以继续努力尝试加入公司。

如果面试结果是被录取,那么也不要急于回复公司,应该稳重地考虑公司给予的工资、福利等是否符合期待值,以及是否还会有更好的工作机会。

切记一定要在公司招聘通知书(Offer Letter)规定的回复期限内回复是否接受。

‖ 问题集锦

面试时有哪些基础性的问题?

我们总结了一些常见的、一般性的面试问题:

- 请介绍一下你自己?
- 你为什么要来美国?
- 你为什么要到这个大学读书?

- 你为什么学你的这个专业？

- 你在 ABC 的项目上的具体工作内容是怎样的？

- 你为什么辞掉了在 ABC 的工作/实习？

- 你的长处/不足是什么？

- 你的长期和短期的职业目标是？

- 你有什么职业方向和职业规划吗？

- 你希望五年之后、十年之后的自己是什么样的？

- 你为什么选择这个行业？

- 你觉得自己的优势在什么地方？

- 你会用哪两个词来形容自己？为什么？

- 你觉得我们的公司怎么样？

- 你觉得你可以在哪方面做得比别人更好？

- 你认为我们公司所在的行业需要哪些技能？

- 请给我们讲一讲你的家庭。

- 你在处理项目的时候，有过哪些问题和状况，能否和我们分享？

- 你的成绩很不错，除了成绩之外，你在其他领域还有没有值得自己骄傲的地方？

- 你毕业之后希望做什么样的工作？

- 你对我们公司了解多少？

— 你觉得我们聘用你的理由有哪些？

— 你对我们还有哪些问题？

面试中的测试性问题有哪些？

除了上述问题之外，面试官可能会从领导力、分析力、工作能力、沟通能力、团队协作能力等不同方面来测试应聘者。

我们总结了以下问题供大家参考：

— 你担任学校社团的领导期间，如何克服了最大的困难？

— 请和我们分享一下你和你的团队成员共同完成的一个项目。

— 对于一项在外人看来不可能的项目，你会用什么办法去完成它？

— 如果突然遇到一件没有遇见过的事情，但是你必须在限定的时间里做完这件事情，你会如何处理它？

— 你有没有遇到过自己的解决方案完全走不通的情况呢？如果遇到了，后来是怎么处理的？

— 你怎么在只有非常短的期限内，完成一个工作量很大的项目？

— 你认为有哪些工作只能通过小组合作才能完成？需要具备哪些条件？你会是哪个角色呢？

FOUR

职场新秀篇

求职常识

怎样知道自己的技能、兴趣、价值观还有个人特质呢?

如何才能找到适合自己的工作呢?应该从哪里入手?

想要提高自我认知、选择合适职位,第一步就要先对自己进行评估判断。只有把自己的资历和工作追求弄明白了,求职目标才会更明确、应聘成功率才会更高。

沉静一段时间,仔细想一想以下问题:自己的兴趣、价值观、职业技能、性格特点是什么样的?在确定具体的行业领域之后,一定要找到相关行业的前辈作为自己的导师。在与他们交流的过程中,明确这个行业是否是自己真心喜欢的领域。

为什么要留在美国工作一段时间？

美国依然是世界经济领域的龙头，绝大多数世界五百强企业的总部都位于美国，这些企业所体现出的制度与文化依然被包括中国在内的其他国家的企业所学习。

作为在美国读书的留学生，如果有机会在美国工作一段时间，除了可以开拓自己的视野、学习先进的文化之外，也可以带着"拥有海外工作经历"的光环，在国内就业市场上大展宏图，积累更多的海外人脉和资源。

实习的时间和实习的作用？

作为留学生，实习的时间应该越早越好，最晚也要在毕业一年前完成相关专业的实习。如果有机会，在入学后的第一个冬假就应该在美国找到实习机会和实习单位。

在美国的就业市场上，中国留学生的竞争力很弱，特别是对于文科和商科的学生而言。

美国本土学生通常有"打工"、"兼职"的传统。站在雇主的角度来想，面对应届毕业生来应聘时，他会更倾向于雇用一位拥有几

实例探讨 | EXAMPLE
JOY · CAN

小Can，A公司和B公司都录取我了，可是我还不确定去哪一家，怎么办呢？

我觉得你可以把假期的时间分开，两个公司的工作都试试，不同的岗位会有不同的乐趣，说不定你可以在实践中找到你最喜欢的工作。

对，我可以都去试试，看哪个最适合我！

（两个月后）

我决定留在A公司啦！你说得对，亲身体验才能找到最适合的工作！

Congratulations！

份实习经历的美国本土学生,还是更倾向于只拥有一、两份工作经历（甚至没有工作经历）的中国留学生呢?答案是显而易见的。

　　从另一个角度来讲,实习之所以非常重要是因为能够让留学生切身接触到真实的美国职场,了解真实职场中的工作方式并从中认识到真正的实践与学校所学的知识是完全不同的。通过实习,可以提前了解到自己是否适合想去的行业,然后做出合理的人生规划。如果有好几个心仪的行业,建议提前规划安排后去相关实习单位实习,再决定未来的从业方向。

如果希望留在美国工作和生活,求职的黄金时间是什么时候?

　　对本科生来说,求职的黄金时间一般分为两个阶段:

　　1. 大三下学期

　　如果能够拿到这个 Offer,就可以提前争取拿到 Return Offer,这是一个非常好的机会。

　　2. 大四的两个学期

　　企业一般会在毕业季来学校招聘,如果学生足够优秀,也会在这个时候通过自己的努力成功获得企业的 Offer。这个阶段是绝对的黄金阶段,如果学生毕业时还没有拿到企业的 Offer,OPT 的机会就会非常渺茫了。

实例探讨 | EXAMPLE
JOY · CAN

本科生小 Joy

Joy 同学是美国一所大学经济专业大三的学生。大一暑假期间，Joy 在国内证券公司做了相关的实习工作，表现优异；大二暑假回国，有效利用两个月的时间到银行进行实习，积累了很多宝贵的经验；现在，大三的她正在积极地寻找合适的在美实习工作。基于过去丰富的工作经验及社会活动经验，她已经通过某公司的前两轮面试，正在等在最后结果。相信这个 offer 会为她带来后续的 return offer，为 OPT 做好充分准备！

研究生小 Can

Can 同学是美国常青藤大学会计专业研一的学生，他在国内 985 本科毕业，学的是金融专业。2016 年秋季入学，项目一年半，夏季毕业（夏季毕业好找工作，选择项目时应适当进行调整和选择入学时间）。为了找到全职工作，进学校后他提前一年进行 networking，积累了人脉，并在 Career Center 反复修改简历（Resume）和 Cover Letter（求职信），同时在学校任职积累工作经验。第二年四月，Can 找到一份当地地产公司财务部门的夏季实习，为第二年的全职工作打下了坚实的基础。

对研究生而言，来美国一年到一年半的文科和商科研究生，在求职时要面临更大的考验，所以要提前做好充分的准备。

具体的时间安排可以参考 JoyCan 特制的时间轴（见本书前的表格）。

当然，无论是本科生、研究生还是博士生，有足够的、美国本土的、真实的实习和工作经历是其能否拿到 Offer 的最重要的前提条件。

对于留学生来讲，如果找寻美国本土的、真实的实习经历非常困难，那么可以退而求其次，即在中国境内的知名的、大型的国有企业、跨国公司、金融机构总部来寻找实习机会。需要注意的是，国内地方性企业的实习和工作经历不足以给应聘者在美国带来更多的加分。

去名企实习重要吗？

我们首先要明确"名企"的定义，这里的"名企"并不仅限于家长和学生耳熟能详的世界五百强企业。

当然，如果第一份工作或者实习能够在世界五百强企业，必定会给学生提供一个很好工作社交平台，既可以增长见识，也可以通过

其强大的员工网络和社交圈得到认识专业人士的绝佳机会，为未来的就业发展打下坚实的人脉基础。

但是，需要注意的是，对于大部分中国留学生来讲，即使在名企实习时工作认真积极，得到上司的青睐，其申请全职工作签证的机会也非常渺茫。因为通常情况下，实习生直线汇报的上司并非是拥有雇用外国人权限的决定者，而且该类企业通常可以在美国境外雇用到更加廉价的全职工作者的。因此，在这类企业中，能够在美国境内获得全职工作的机会是很小的。

所以，我们应该对美国的名企进行延伸性的解读，即除了那些大家耳熟能详的世界五百强企业外，还包括众多美国本土的知名企业。比如，新当选的美国总统特朗普（Donald Trump）所拥有的 Trump 品牌，该品牌在特朗普没有竞选美国总统时并未被中国群体所熟知，但实际上 Trump 品牌在美国本地是非常知名的企业，此类美国本土企业通常应该是留学生重点关注的对象。

另外，诸如世界贸易中心（World Trade Center）等非营利性组织也是留学生需要关注的企业。

实例探讨 | EXAMPLE
JOY · CAN

Can 进入地产公司后,不但认识了公司的同事,而且参加了公司的各项活动,认识了其他公司的专业人士,为以后找全职工作打下了基础,也深入了解了不同公司的情况,对自己的职业生涯有了更加清晰的认识。

国际生的身份一定是找工作的劣势?

能否在美国找到的工作前提当然还是要看学生的个人综合能力是否过硬,这些能力既包括专业能力也包括人际关系处理等软实力。我们建议学生要提前做好职业规划,深刻了解自己的强项、弱点、职业兴趣,提前确定发展目标和方向,把握机会,早做准备,赢在起跑线。

但是,国际生要坦然接受其身份问题一定是找工作的最大劣势之一。如何才能将"劣势"转化为"优势"?这需要中国与美国的正常互动,以及专业人士的建议和安排才能解决。

如何做好美国的求职计划和国内的求职计划？

我们始终认为，美国的实习经历与就业经历，对于国内的就业拥有正向的作用。随着海外中国留学生的数量逐年增加，是否在境外拥有工作经历是其在境内能否获得良好工作机会的"杀手锏"。

当然，我们在职业规划中经常谈到一个词——"以终为始"，即把给自己设定的最终目标作为职业规划的起点，一切选择都向目标去努力。当然，在境外职业规划领域，多数留学生家长没有办法为孩子提供有建设性的建议，而美国本土机构又不了解国际学生的困境所在。

举例来说，如果最终的目的是想留在美国，就要在申请专业时选择一个容易申请 H1B 签证、容易在美国找到工作的专业，比如 STEM 类专业。如果最终目的是进华尔街的投行，就需要具备充足的专业知识、强大的人脉资源以及综合素质和能力。有了最终的目标，才能合理安排时间进行工作和实习，当然，对于某些企业来讲，对申请人的学校背景有严苛要求，必须拥有全球优秀的名校就读经历。

实例探讨 | EXAMPLE
JOY · CAN

Can同学的室友曹同学是斯坦福大学政治专业的学生,由于专业的特殊性,他在美国很难找到工作。很巧的是,他在一次活动酒会上遇到了华盛顿州中美协会的会长,帮会长做了一年的助理工作。一年后,表现优秀的曹同学得到了会长的推荐,获得了一份在华盛顿州做商业地产的机会。凭借自己优秀的双语能力和学习能力,曹同学顺利完成工作,也建立了相当不错的人脉关系。

第一份工作到底该岗位为重还是公司为重？

对于留学生来讲，要想毕业之后找到一份合适的工作，首先要拥有一个可以验证的、真实的"敲门砖"，这块"敲门砖"就是留学生的第一份实习或者工作。很多留学生直到毕业，也没拿到这块"敲门砖"。

因此，对于第一份工作来说，无论任何岗位、任何公司，只要能够遇到一家能够提供实习机会的公司，一定要去，无论工资待遇与否。因为作为弱势群体的留学生，作为一张实习经历为"零"的白纸，"好高骛远"地选岗位和选"理想中"的公司都是不切实际的。

只有拥有了这块"敲门砖"，才有资本考虑"入对行，嫁对郎"，即在申请第二份工作时重点选择自己感兴趣并适合自己的行业。在这期间应该多积累人脉，优先考虑公司的企业文化，人文背景，这样有利于初入职场的留学生找到适合自己长期发展的职业道路。

如何获取可靠的实习招聘信息？

紧盯学校的 Career Center（职业中心）网站是找工作过程中很关键的一步。

作为没有工作经验或者经验很少的学生，如果到学校外面公开求职，就要跟就业市场上的很有经验的应聘者一起竞争。大多数公司都不愿意招收没有工作经验的职场新人，特别是那些非美国本土的学生，而能够给出工作签证的职位就更少了。

但是如果一个公司打算招收学生，一般情况下会首先联系 Career Center，并进行相应的宣传。这些职位是相对真实的，一旦看到了这样的职位和消息，就需要立刻行动，提前准备简历，为面试做好万全准备。

如果你所在的学校对 career fair 不太重视，你就应当做好心理准备，在未来的求职道路上，可以获取的校方甚至校友方面的资源会很少，需要自己做更多的准备并付出更大的努力。

当然，不得不承认的是，学校 Career Center 的服务对象主要针对的是美国本土学生，对于留学生而言，网站的实际功效作用可能并不大。

所以，最为靠谱的实习招聘信息应由熟人或者商业机构内部推荐而来，通常这种推荐的意义要远大于网站上的信息。

毕业生获得就业机会的最重要途径是什么？

对于应届毕业生来说，Career Fair 是比较重要的。美国的应届毕业生跟中国的定义不太相同，一些毕业了但是未找到工作的同学还是可以利用学校资源，而一些职业化专业的同学，比如会计专业，则需要在毕业的前一年提前准备。

由于毕业生的就业率会直接影响学校下一年的招生与整体声誉，所以几乎每个学校都会在每年的春季和秋季组织两次正式的大型就业招聘会（Career/Job Fair）。在此类招聘会开始之前，学校或者院系通常都会发布参加这次招聘会的公司信息，所以在招聘季开始之前，留学生就要注意学校和院系的相关网站的信息，最好提前确定目标公司，早做准备。

在参加这些活动之前，有些用人单位会在网上初选学生简历，如果被选中，才有机会获得邀请函正式参加用人单位的见面会。因此，留学生必须在参加此类活动前拥有足够多的实习经历，否则获得邀请函的可能性非常小，这也就意味着获得工作机会的可能性非常小。

留学生可以主动上网投简历找实习吗?

对于绝大多数留学生来讲,海投是不得不走的方式。

即使是海投,也需要注意寻找靠谱的职位信息,否则事倍功半。想要获得比较权威的校外职位信息,可以利用 indeed 来搜索——这是一个工作职位的搜索引擎。Indeed 会把各种职位收集在一起。此外,LinkedIn 也经常有公司发出的工作招聘需求。

除了自己行动之外,如何利用其他渠道让别人主动联系自己?

可以注册一个 LinkedIn 账号,把个人信息当成简历认真填写,有的公司会通过 LinkedIn 开展招聘工作。另外,可以关注一些目标公司或者在目标公司工作的人并且定期更新职业动态,因为有一些公司会不定时地在 LinkedIn 发表招聘文案,及时关注他们的动态,增强与他们的联系,就会增添很多工作的机会。

作为一名在美国的求职者,拥有一份漂亮的、甚至是经过专业顾问包装过的 LinkedIn 主页是非常重要的。

实例探讨 | EXAMPLE
JOY · CAN

我有一位学姐在校学生会从事 HR 工作。她关注了很多 LinkedIn 上的招聘官,也投递了很多简历,并且最终通过 LinkedIn 得到了面试机会,成功加入了华为旧金山公司的人力资源部。所以,合理有效地利用一些求职平台真是极好的。

预备阶段

获得应聘机会后,在校生如何利用学校的资源进行后续准备?

首先,学校一般会配备一些帮助学生求职的工作部门,可以找这些部门的工作人员帮忙修改简历、进行模拟面试。进行模拟面试时,工作人员可以对你的表现进行评价和分析,针对你的弱点帮你改进。

虽然这些工作人员可能不具备各行业的专业知识，但是对于行为举止以及整体面试的风貌还是有一定经验的。如果充分利用，多多和他们进行沟通，可以帮助你了解面试的形势，丰富你的简历，让你以一个良好的心态面对面试官的考核。

校外还有专门针对留学生的职业培训机构提供更加专业的商业性质的服务，包括简历修改、LinkedIn 修改、模拟面试等。在咨询这些机构前，一定要确认服务顾问的背景、经历，不要选择服务顾问是高年级留学生的职业培训机构。

其次，学校可能会不定期与相关合作方举办 Resume Workshop、找工作经验分享讲座等活动，通过这些专业人士的亲身教导，身边的真实案例，学长学姐的成功经验，留学生可以寻求帮助。

就业前期准备因人而异，不同的人、不同的背景，所需的准备时间、内容、侧重点都不太一样。但有一点是相同的，这些准备都不是一蹴而就的，需要大量的时间和努力。所以找到理想的工作需要尽可能的早做准备。

> 这些部门的员工可能缺乏专业知识，无法针对你的专业背景提出修改建议。换句话说，在最重要的内容选取和设计方面，他们帮不上太大的忙。但是具体的语言组织和语法、简历的风格、外观设计，这些工作人员可以做得很好。

实例探讨 | EXAMPLE
JOY · CAN

很多学校的华人学生会，如 CSSA 等会不定期地举办招聘活动，这是一个与优秀前辈以及各大公司 HR 建立关系的好机会。JOY 的一名学长就通过 CSSA 的招聘讲座成功吸引了 HR 的注意，得到了宝贵的面试机会并获得了梦寐以求的工作。

通过什么途径去了解目标公司的信息?

在拿到面试邀请之后，一定要事先充分了解公司的背景，特别是该公司所招聘的部门的职位特点、招聘偏向群体等，为面试做好准备。

想要了解目标公司的工资、待遇、面试和公司评价等情况，可以使用 glassdoor.com 等网站进行查询。

除此之外，目标公司的官方网站，公司最近的新闻，以及学校的校友们的工作经验介绍都是了解公司很好的途径。

如果没有过多的时间和精力，则可以重点关注以下的几个方面，公司的核心业务、重要的部门以及它的领导层，在面试过程中做好心中有数，并且可以提前做好提问的准备。

实例探讨 | EXAMPLE
JOY · CAN

Can在找实习时碰到了许多钉子，比如海投了许多简历被拒之门外，面试的时候准备不足发挥得不好等。但是，他每次都认真准备面试，向学长学姐请教面试经验，反复修改简历和求职信，比如根据招聘的职位要求（job description）找到自己的优势，然后去公司的官网了解公司的状况和面试可能遇到的问题。如果时间允许，他还会去公司网站看公司财报，并在网上搜索关于公司的最新报道。心里有数，面试时就再也不用慌张啦！对公司的深层次了解，也帮助Can给面试官留下良好的印象。

申请住所地之外的城市的工作是否有特别的注意事项？

面对这种情况，一般可以大胆申请，因为现在很多企业都会采取远程面试的方式进行招聘。注意时差，和企业面试官约定好时间，找个网速好、比较安静的地方就可以了。

在时间和经济条件允许的情况下，最好可以亲自前往雇主的单位，除了可以向雇主表达对此次面试的重视之外，还可以近距离与雇主接触，增加获得工作机会的可能性。

参加面试

面试过程中需要事先准备好甚至编一些自己的故事吗？

美国社会是强调正直与信任的社会，因此，我们不建议编造任何不实的故事。

对于大部分留学生来说，应聘初级职位或者申请实习的时候，需要讲一些自己的真实故事。讲这些真实的故事是有一定原则的。通常我们会用"事实、任务、决断、结果"原则来讲故事。

讲故事的过程中，最关键的是这个故事是否真实、是否能够打动面试官，是否与这个职位要求的性格品质相匹配，以及这个故事的陈述过程是否可以让他人信服。

在面试中，自我介绍一定是面试的开端。自我介绍应该是面试中最难的问题。虽然介绍的是关于自己的东西，但因为你必须要在极短时间内介绍自己（特别是让一位外国面试官了解一个留学生的情况），阐述清楚你的优势又不引起人反感，这是要克服文化、语言等各方面的要求。

总的来说，对于自我介绍，不同的职位会偏重不同的方面，注意一定不要长篇大论，要言简意赅，切中要害。对于跨专业求职的人，重点是告诉面试官为什么要跨专业求职以及学生的优势在哪里。试着多站在外国面试官的角度去想问题。

面试官关注的问题有哪些？

这个问题因人而异，因职位而异，也因公司而异。

通常面试官心里都有一些标准，通过问题的形式讲出来。在面试过程中不仅是面试官主动提问、学生被动回答，也可以是学生通过比较巧妙的方式去引导面试官问一些学生准备比较充分或者能展示出

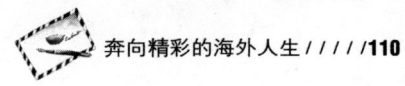

自身亮点的问题。

举例来说,如果学生曾经做过某个很成功的项目,在自我介绍的最后,学生就可以提及这个项目,并且阐明项目的结果如何、在整个项目过程中自己发挥的作用是什么、为什么这个项目会有教育意义等。

这个时候,面试官往往会对这个问题感兴趣,他会顺着这个准备较为充分的话题问下去。

如何回答面试官最后的提问:Do you have any questions for me?

很多人的第一反应就是,No, I don't have any questions。面试官可能会判断:这个求职者没有求知欲,或者他对我们公司没有兴趣。

其实,这种回答是一个下下策,应聘者应该抓住这个机会,向面试官问几个水平比较高的问题。

虽然这个问题是根据不同的公司去问的,但我们为学生特别总结了几个安全的问题。下次碰到面试官,可以在没有问题的情况下,用下面的问题加以修饰:

1. 请问您在这家公司多久了?在这家公司工作您自己有什么收获呢?

2. 可以再介绍一下我这个职位的日常职责吗?

3. 在您看来,这个职位对公司的价值体现在哪里?

4. 您能不能简单介绍一下一起共事的同事们呢?

5. 我应聘的部门的具体职能是什么?

6. 这个部门的职员需要达到什么样的工作状态,才能有利于这一目标的实现呢?

7. 您可以简单说一说您平时的管理风格吗?还有您所雇用的下属员工们都有什么共通特点呢?

总的来说,向面试官提问是一个了解公司内部情况的过程,面试过程不仅仅是面试官面试应聘者的过程,同时也是应聘者选择公司的过程。可能应聘者提出的问题越具体、越深入,面试官会认为应聘者做的功课越多、求知欲越浓。

另外,有些问题最好不要问,比如:

1. 我听说过去两年里公司进行了大规模裁员,请问是有什么万不得已的原因吗?

(任何关于公司的负面信息都是敏感话题,面试官不可能如实回答,因此也没有必要去问。)

2. 加班费该怎么算?

(这个问题可以在之后谈具体薪水待遇的时候再提出。)

3. 公司的男女比例如何?

(性别问题是一个敏感话题。)

4. 公司的中国人多吗?

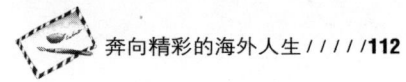

（种族、国籍问题也是敏感话题。）

5. 公司赞成同性恋运动吗？

（性取向的问题也是敏感话题。）

6. 您有去过中国吗？您对中国怎么看？

（除非非常有把握面试官曾经去过中国，否则尽量不要提出这个问题，如果他没有去过，会显得很尴尬。）

7. 您怎么看××上台后，对于行业与公司的影响？

（对很多美国企业来说，政治倾向是一个相对保守的话题。除非学生应聘的职位与此类问题直接相关，否则不要向面试官提出此类问题。）

8. 您觉得美国的经济会持续向好吗？

（尽量避免这样非常大的问题，作为面试官，他很可能不知道怎么回答这么复杂的问题，毕竟大多数美国人并不关心美国的政治和经济走向。）

面试时需要避免哪些事项？

真实是唯一前提。

面试讲故事的时候，学生可以适当超出自己本身进行发挥，但若不注意也可能给自己挖坑。就面试来讲，很多问题都是给你讲真实故事的机会。但千万不要把这个机会变成为自己挖下的陷阱。

在准备故事的过程中，一定要以真实性为前提，虽然可以适当发挥，但一定要准备面试官可能问到的延伸性的相关问题。

比如根据故事的时间线，面试官可能会问在做这件事之前进行了什么准备？参考了哪些事例和资料？经历了怎样的心理斗争？具体是如何做到的或没做到的？做完之后的后续发展如何？如果不能准确地把握这些问题，可能会让面试官产生"你在对我说谎"的想法。

如何积累面试时的用语？

首先，大部分面试需要的用语都可以通过模拟面试准备，而提供模拟面试的机构有学校的 Career Center 以及校外的商业机构。

通常，学校的 Career Center 会定期为学生邀请行业内的人到学校给大家准备面试，他们会像面试的流程一样向大家提问并在最后给出反馈，这不仅是一个练习面试的机会，也是被行业内专家选中的机会。准备得越多，面试得越顺利。商业类机构提供的模拟面试则会更加真实、针对性更强，对于付费用户来说也更有实际意义。

其次，学生也可以去一些相关论坛看一些前辈的面试经验以及遇到过的问题，比如上文中提到的 glassdoor.com 是一个很好的网络平台。了解清楚后，根据自己的情况准备好，尽量按照真实的情景准备，将可能的问题联系在一起，认真准备，多多练习。

最后，学生也可以通过各种途径邀请学姐、学长，或者雇用商业性质的导师，为自己提供多次模拟面试，不断积累面试用语。

面试时需要注意什么？

面试时，要着装正式大方，举止端庄，保持微笑，以体现对面试的重视以及对面试官的尊重。

提前做好功课，了解该公司所在城市的特色，以及公司的企业文化和特点，以体现你对这份工作的重视程度；言语间注意体现自己对工作的热情和激情。

如果申请的工作在居住地以外的州，则一定要向雇主坦诚地解释，为什么愿意到一个新的州或者城市工作，你与该州或者该地区的联系点在哪里，为什么这份工作对自己很重要。

在面试过程中，遇到任何难以回答的问题，一定要按照一定的逻辑顺序来解释，即：发什么了什么，应该怎么做，需要做什么，最终采取了哪些行动，最后得到了什么结果。逻辑明晰、条理清楚、按部就班，有条不紊地阐述事情，注意条理和节奏，使面试官能够细致地了解。

如果同时拿到几个不同的 Offer，如何将其意义发挥到最大？

作为国际学生，能够同时拿到几份 Offer，说明这位学生已经非常优秀了，在做出决策时应考虑如下两点。

第一，是否可以延迟某些公司的入职时间。如果某些公司可以延迟入职，则率先选择那些不可以延迟入职的公司。

第二，在所有公司都不可以延迟入职的情况下，思考一些优先选择的条件，如这是个怎样的公司，要去的是什么样的部门，距离我住的地方有多远，这个行业的前景如何，与我未来想找的工作的相关度如何，薪酬多少等。

作为国际学生，能够得到一份工作机会非常难得，如果能把所有的机会都抓住当然最好不过。如果实在困难，则需要按照以上的思路思考，那么决定去哪家公司这个问题也就迎刃而解了。

初识职场

如何确保自己在职场的长跑中始终奔向正确的方向?

什么是正确的方向,每个人的观点都不一样,特别是放到陌生的境外的就业时。

对于在美国的留学生而言,应该秉持着"学习+积累"的态度,即,学习美国最为先进的知识之外,充分积累海外工作经验、海外关系网络、人脉资源。这一方面需要拓展人脉,扩大信息获取渠道,避免因信息不对称而做出错误结论或决定;另一方面需要努力提高专业素养,待机会成熟时一跃而起,抓住机会。

在工作过程中,要逐渐培养自己的兴趣,追随自己内心的兴趣点。在一家公司,可以尝试接触不同的领域和工作。当然,最理想的状态应该是在毕业前就通过广泛的实习经验找到自己的兴趣所在。

找到兴趣之后,还应建立自己的小圈子。对于很多国际学生来说,能否融入公司的主流圈子至关重要。应该逐渐树立自己是"国际公民"的形象,在工作中要主动接触公司主流员工、与经常主流员工互动、参加主流员工参加的社交活动,并积极融入团队的项目、研讨工作当中。

在未来一定的时候,亮出自己"中国的底牌",即主动告知雇主和同事,自己可以在中国市场、中国相关的业务领域为雇主提供什么样的帮助、什么样的资源以及究竟能为雇主带来什么样的价值。

中国留学生在国外实习和工作中应当具备什么品质?

用四个词概括应当具备的品质,就是热情(Passion)、挑战(Challenge)、远见(Vision)、开放的心态(Open-minded),这四个词具体含义概括为以下几点。

热情(Passion)

工作热情(兴趣)不仅是职场第一生产力,更是通过专业领域实现人生价值的必需品。对某一专业领域的热情能促使学生自发进步,不断提高专业素养,并从中提高职场竞争力。正所谓三百六十行,行行出状元,如果一名学生在找实习或全职工作时,只是为了一时的短利而选择了一个与自身兴趣、天赋相左的职位,那么他未来在职场上就难有出头之日。

挑战 (Challenge)

当学生成功进入职场,在实习岗位或者工作岗位上应当尽可能地挑战自己(challenge yourself)。在美国职场文化中,实习和初入职场本就是一个学习的过程。相对于全职的资深员工,美国公司通常对实习生和初级员工专业水准不足的包容度很大。在实习时有任何问题都要记得请教老员工,他们都很愿意向你伸出援助之手。

此外,在工作中时要尽可能巩固已知技能并多学新技能,这样在今后找到全职工作或者晋升职位时才会有竞争优势。

当学生成为一名资深全职员工时,同事在你遇到技术难点时也会帮助你,但你的上司及其他组员会对你的现有技术能力和工作效率有更高的要求。

远见 (Vision) 与开放的心态 (Open-minded)

谨记"耳听为虚,眼见为实"这则职场真谛。作为留学生,拥有长期的对于未来的计划和开放的心态是十分重要的,在听取各方的意见同时,形成对于事件的独有的看法十重要。

留学生在大学学习生涯中应该去不同的美国本土公司实习,以了解、体验不同的企业文化,为今后求职的准确定位做准备,以便选择适合自身性格和有利个人职业发展的雇主。选择雇主时，网络上可能充斥着不实消息，只有自己工作过程中的亲身体验才是最值得信赖的。

学生在美国职场的工作与国内的实习和工作有什么区别？

简要来说，在美国职场中，学生应该争取成为具有合作意识的团队合作者，不做独行侠。

资深的美国企业的员工对中国留学生的普遍印象是"独行侠"。他们接到工作任务后通常独立地埋头苦干，等到作品成型时才会展示给管理层。

留学生的这种工作习惯可能会导致两种负面结果。

第一种是做无用功。因为缺少沟通导致没有正确理解上级的要求，埋头苦干的成果与上级的预期大相径庭，白白耗费了时间，耽误了工作进度。

第二种是使上司产生认知偏差。在公司的年度工作表现评核（Annual Performance Review）后，人力资源部门常常收到员工针对自己评核结果的申诉。他们通常认为自己应得到上司更高的评价，因为自己踏实苦干，次次按时、高质量地完成组内任务。但是由于与其他组员和管理层缺乏沟通，这些投诉人的同事并不能确定他在团队中的贡献程度,所以在同事互评(Peer Review)时给了低分,而公司内部的年度工作表现评核结果不仅和晋升挂钩,多次得到低分的员工还可能被开除。

这也是我们一直所强调的,中国留学生在职场中必须要更多地融入主流人群、与主流的阶层交流。这需要留学生从读书时就开始练习和训练,打开自己的社交圈。

文、商科的学生在美国的优势以及未来的工作方向是什么?

在高科技产业为主导的美国,文、商科的中国留学生在美国就业时处于最不利的地位,甚至可以说没有任何优势可言。

如果一定要对该类学生的特点加以分析的话,那么文、商科的学生在高科技产业主导地区(比如美国硅谷和西雅图地区)可能有如下的特点,思维开阔,能够进行辩证思考,创造性强以及拥有良好的沟通技能等,这些素质在职场中都十分重要。

当然,在高科技产业主导招聘外国员工的美国,适合文、商科学生的就业机会是非常少的,但是也有一些机构和企业能够提供就业机会,包括传统金融类企业和政府机关,也包括技术型企业。

举例来说,微软每个独立产品部门的市场营销组每年都会招纳大量文、商科出身的贤才帮助企业提升利益。而其他不少非技术组别，如人力资源（Human Resources）、价值敏感设计（Value-Sensitive Design）、视觉设计（Visual Design）、财务（Finance）、会计（Accounting）、公共关系（Public Relation）、教育（Education）等，也会不定期根据需要对外招聘。

比如，仅微软一家企业就对文、商科优秀人才有较大的需求，更不用说其他大型的世界五百强科技型企业了。现今的高科技企业正在融入越来越多的文、商科元素，以增强市场运营效率，提高产品用户体验。所以，在高科技产业主导地区修习文商科相关专业的学生更应该利用好优势，考虑利用自己的文、商科知识为高科技事业献上一份力量。在华盛顿州西雅图地区的高科技公司，波音、微软、亚马逊等大型公司中不仅有许多科技类型的工程师们，也是有许多为文商科背景的员工。

当然，我们不得不面对的现实是，文、商科领域的竞争依然非常激烈，因为根据美国的法律规定，只有当本国公民的就业受到保证之后，才可以招聘外国员工。不同于科技类领域，文、商科领域的中国留学生面对来自美国本土学生的激烈竞争。虽然上述公司招聘大量的文商科背景的员工，但其中绝大多数均为拥有美国护照或者永久居留权的人，仅有极少数是外国员工。

在工作过程中应该保持怎样的心态?

在工作的过程中,不能只是简单的埋头工作,而是要试着去寻找这份工作可能带来的机遇,挖掘潜在的机会。

如果能把每一份工作都真正地利用好,那么它给留学生带来的意义将超过工作本身。在工作中,领导不会像学校教授和老师那样点点滴滴、细致入微地把要做的工作告诉你,更多的是需要你自己去观察、学习。如果不具备这项能力就难以胜任未来的挑战。

另外,学习与谦逊的心态也更加重要,特别是要抛弃中国留学生普遍存在的"眼高手低"的习惯。除了努力完成上级领导交代的任务之外,还必须谦虚地接受上级领导和同事的批评和建议。

工作中如何应对看似"打杂"的工作并从中脱颖而出?

首先,初入职场的过程是近距离了解公司的一个很好的机会,作为职场上的新人应当多问、多记、多思考;通过日常琐事了解工作流程,公司体制;学会记录与归纳,整理与总结;不要说"I don't know",学会自己寻找相关材料与资源,补充知识。同时,要巧妙利用日常活动构建主流社会里的人脉资源网络,为未来的进一步发展做好准备。

实例探讨 | EXAMPLE
JOY · CAN

Judy,好久不见啊!听说你假期去某500强企业实习啦,感觉怎么样?

我现在拿到全职 offer 啦!不过实习生都做很多杂活,主管让我帮忙做做打印、复印这种重复而单调的工作。

那不是很无聊,而且很难学到东西吗?大家也记不住你啊?

刚开始是有点儿抵触,不过后来我发现用不同颜色的纸来分隔不同类型的文件,可以让拿到复印件的同事更方便使用,我就帮大家做了分类。我就是因为这件小事被关注,顺利拿到了全职工作!

小贴士:细节决定成败,一个小小的细节就打动了上司,可见在实习工作中"用心"是最重要的哦!

在美国的职场文化中，文化的融入最为重要。在看似"打杂"的过程中，如果可以与办公室的行政人员，甚至是保洁人员打成一片、聊聊家常、交换感想和思维，都可以对未来的生活和工作提供非常大的便利 ——了解普通美国民众的思维习惯、了解他们的生活习惯、生活圈子都对自己未来职业的发展有很大的帮助。

职场进退

工作（实习）之后应该做些什么？可以寻求一封推荐信吗？

做完一份实习、工作或者跟别人合作的项目结束后，我们建议留学生可以通过 LinkedIn 向之前的主管或上级要一份比较正式的推荐信（Recommendation Letter）。

通过 LinkedIn 要推荐信的好处是，这份推荐信的内容不长，不会耽误推荐者的太多的时间，既能抓住重点，又能强调真实性（推荐者的信息也是公开资料）。最为重要的是，这份简短的推荐信可以公开在 LinkedIn 主页，为未来的、潜在的用人单位提供直接的参考价值。除此之外，"推荐人"也给 LinkedIn 账号留下评价和推荐，这样其他的人或者招聘公司也都可以看到。

如果因为各种因素不方便使用 LinkedIn，那么我们建议留学生可以有礼貌地询问上级主管是否愿意作为自己未来的见证者/证明人，将他/她的公司邮箱地址、联系方式提供给未来的招聘企业。根据美国的商业规则和习惯，除非被推荐人的工作表现非常不好，否则上级主管是愿意为员工提供证明的。

无论是公开推荐也好，还是以见证者/证明人的形式也罢，对于美国学校的毕业生来说，能够得到公司主管领导的背书是十分重要的。而对于留学生来说，这种背书对于未来是决定性的。

回国发展还是留美发展？

如果在美国读书期间，已经拥有了完整的、真实的实习经历，那么对于留学生来讲，选择的机会还是比较多的。如果在美国读书期间，没有任何美国本土的、真实的工作经历，那么很遗憾，读完书之后很可能面临"不得不回国发展"的结局。我们始终悲观地认为，中国留学生在美国就业市场上处于非常弱势的地位。

如果留学生因为过去的工作背景，很幸运地拥有选择权的话，那么留学生的心中可能已经有了答案。回不回国，这是一件仁者见仁、

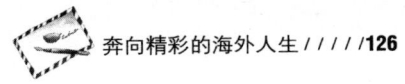

智者见智的情况。

当然，根据我们对中国和美国市场的客观调研发现，如果在美国拥有两年至三年的工作经历的话，那么回国之后，可能找到更好的平台，收入会更高，同时可以给境内雇主带来更多的资源。因此，如果可以在境外有一段实践经历再回国的话，必将对自己未来国内的发展添加一份非常宝贵的财富。

需要注意的是，如果是计划毕业回国找工作的同学，建议提前了解国内招聘的不同要求和体制，尤其是校招时间安排及校招和社招的区别，以免错失良机，失去心仪的工作。该等信息在境内的各大网站和公开渠道都可以查到。

如果决定回国求职，应该在什么时间做准备？

回国求职对于在美国的留学生来说确实有较大的难度，但是稍加一些指导，即可达到事半功倍的效果。

在美国求学的最后一年，如果学生有足够的精力或者在国内的拥有比较强大的求职资源，那么可以在美国和中国同步进行求职。当国内进行到面试的阶段，如果不计机票成本和时间成本并愿意尝试，那么可以飞回国内，参与面试。如果可以在国内斩获一个非常优质的工作机会，也是非常不错的。

当然，绝大多数同学因为课业压力大、时间和经济成本过高、不了解国内求职资讯等问题，会等到毕业后再正式回国。这些同学，可以参加下一年的校园招聘等活动。

不过需要注意的是，下一年的招聘季中，很多境内招聘企业不会把这类学生当作应届生了，尤其是外资企业和国有企业。但是大多数的民营企业、少部分的上市公司，还是会给海归毕业生一次求职机会的。所以，毕业后尽快回国还可以参加大多数的知名企业的应届毕业生招聘活动。

另外，对于毕业之后就要回国的留学生，特别是本科留学生来讲，必须要合理利用大学四年的假期，尽可能做一些境内的相关行业的实习工作，在北、上、广、深这四大城市的大公司积累丰富的工作经验，充分了解当下的市场和行业情况。这样，可以让求职者在茫茫求职人群中脱颖而出。

我们不建议留学生在国内的二三线城市实习，这种实习经验对于未来优质工作的意义是十分有限的。

FIVE

人际关系篇

职场文化

美式职场文化的主要特征是什么?

首先,美国拥有一个相当健全的法律体系,是一个完善的法治社会。所有事情均法律为先,所以了解当地的法律不管是在日常生活还是在求职过程中都非常重要。在职场中,各公司对于宗教、文化、性别、政治和移民政策等都有着一套严密的规则。在这些规则下,如果鲁莽行事,会在众多问题前碰钉子、遇到诸多困难,所以对于了解这类知识非常必要。

其次,需要正确认识美国职场的人际关系及其社交文化(Networking)。在美国职场中,"关系"具有一定程度的重要性,Networking 也是必须要掌握的内容。当然,美式职业社交并不一定建立于家庭背景或财力基础之上，但也不意味着你不需要借助他人之力实现事业成功。

感兴趣的读者，可以参考过去几年《纽约时报》、《华盛顿邮报》和《华尔街日报》等对于美国的主流阶层利用其一定的关系网络而安排其相关利益人士求职与就业的真实新闻案例的讨论。

最后，中美文化的最大差异表现为中美的常识不太相同。想要融入美国的社会，不断地了解美国文化常识、体育常识、政治常识是非常重要的。比如，美国人很喜欢和爱好体育的人打交道，所以如果体育方面真的很优秀，请一定不要谦虚，并勇敢地向你的美国同事们证明。

中国留学生应当如何融入美式职场文化？

如果我们仔细观察会发现，在美国的大型跨国企业，特别是科技类企业中，印度背景的管理层明显多于中国背景的管理层。印度背景的员工除了具有语言方面的先决优势条件外，还与美国的主流阶层有非常强的互动，在这个方面，中国背景的员工则逊色许多。这也是很多情形下，中国背景的员工挤入跨国公司管理层非常难的原因所在。

作为中国背景的新进员工，若想尽快融入美国职场，从而得到快速晋升，一定要在技术、知识和技能过硬的前提下，与公司领导、管理层保持较为紧密的联系。这种联系不仅应该是业务上的往来，而且应该在美式条件允许下，采用的正常的私人的交往。这两种交往通常是相辅相成的。

举例来说，对于技术类岗位的员工，经常与上司或者管理层共同探讨相关领域或公司产品的新奇想法、新的概念、新的理念会让他们对你印象深刻。当然，这类讨论不能太过幼稚，需要建立在仔细的分析、研究的基础上，且确实形成了自己的一套体系才能深入探讨。这样不仅更容易在公司年度工作测评时获取高分，还能在有职位空缺的时候更容易得到提拔。

此外，如果时间允许，可以在亚马逊或者实体书店里，寻找一些关于办公室政治的书籍。这类书籍在美国比较普遍，通过阅读这类书籍，可以对美国职场的生存法则及办公室政治手段有更清晰的认识，在提升自我能力与综合素养的同时避免踏入他人有心设下的陷阱。

最后，一定要进行一些美国基础法律方面的学习。这类知识在关键时刻不但可以保住自己的工作，而且在极端情况下，还可以作为防止公司、公司领导或者同事滥用职权的利器。可以通过参加一些商业类的培训班加以了解和巩固这些法律方面的知识。

建立人脉

建立人脉之前需要进行怎样的准备?

与中国社会的相比,美国社会的人脉交往更为发达、更为隐秘,这与中国等亚洲国家的比较直接的人脉往来方式很不一样。对于中国留学生来讲,无论是在原生家庭、还是在校园内,都没有接受过这方面的教育。

在明确了自己的专业兴趣和职业走向后,就能更有目的地去搭建自己的人脉网络。当然如果还没有挖掘出自己的兴趣,也可以通过参加各类社团、参与各种会议、结交各种不同的人、并向这些人寻求建议和意见慢慢寻找答案。

一定要准备好完善的简历和求职信。如果在经济条件允许的情况下,一定要通过专业的商业机构进行多次、反复地修改内容。同时,一定要熟悉自己过往的经历,准备30秒时间的自我介绍,以便为未来的沟通奠定基础。在准备的过程中,也要做到时刻可以拿出自己之前的工作、志愿者活动的经历,在与他人聊天时有意识地提及,让对方更加深入地了解你。

也可以适度"包装",但这个尺度一定要把握得当。在进行"包装前",提前想一想自己的优势在哪里,应当以何种恰当的、友好的方式让别人知晓。有的时候,也要适当地幽默一下,冷场时要及时找到话题,避免尴尬,这都会让你与众不同。

建立人脉的过程中应当保持什么样的态度?

首先,要克服自己的恐惧心理。中国留学生的通病是特别地喜欢抱团,无论是在学业上、生活上,还是社交上都是如此。在社交的过程中,经常出现这样的现象——学生们总是喜欢寻找最熟悉的中国人、寻找最亲近的人群、年纪相仿的人。我们认为,留学生应该尽快走出自己的舒适区(Comfort Zone),在需要跨出去结交新朋友(特别是非中国背景的朋友)的时候,不要犹犹豫豫。

其次,Networking的时候,绝对不能有功利性。

JoyCan的一位资深顾问是中美两国都非常知名的国际律师,他曾经和我们提到,某美国著名法学院每年都会举办专门针对从境外到美国求学的法律专业的学生活动。在这些国际学生中,很大一部分是中国学生。这位资深顾问参加了三年,但是第四年就不再参加了。原因是这些中国留学生大多是用找工作的心态和他聊天,提问题的目的性过于明显,到了交流的最后阶段,总是以"是否可以推荐"工作结束对话。这位律师所遇到的绝对不是孤立的现象,而是非常普遍的情况。这也反应出,即使是拥有一定实习经验和学习经验的法律专业的中国留学生,依然缺乏 Networking 领域里的正确训练,更不要提那些初出茅庐、涉世未深的本科学生了。

最后,要以学习的心态面对 Networking。我们认为正确的 Networking 应该学习、学习再学习的过程,以认识更多资深人士并与之深入交流的心态,了解他们的工作领域、工作内容、工作爱好,通过这些信息来甄别和判断自己未来究竟可以做些什么。在彼此交流的过程之中,建立信任、树立个人形象,如果在资源允许的情况下,可以先为这些资深人士提供些许便利(Favor),建立起一定的信任之后,便可以按照美国的方式进行所谓的"礼尚往来"了。

对于同年龄的 Networking 可以多关注学校的兄弟会和姐妹会,以及各种以美国主流文化为核心的社团。这些社团是一个建立美国本土资源的重要途径,这些同学及其家庭,也会成为你的未来美国职业生涯的好伙伴。

实例探讨 | EXAMPLE
JOY · CAN

性格内向的 Can 虽然不太擅长交际,但还是很想有效利用这个环境来提高自己的英文水平,也认识更多来自不同文化的人。于是,他给自己设定一个目标,每天和不同背景的同学一起聊天、吃饭、学习,逐渐跳出自己的"舒适区",朋友圈不再是汉语的天下。毫无意外,不到半年,曾经安安静静的 Can 已经和班上同学打成一片啦!

如何通过科技手段建立自己的社交网络?

LinkedIn 是较为直接的手段。

前文已经提到,可以通过 LinkedIn 进行搜索,搜寻你所认识的人、感兴趣的人以及在未来可能有交集的人。如果在任何社交场合,收取了名片,也需要养成将名片立刻转化为 LinkedIn 人脉资源的习惯。无论是你本科同学甚至高中同学,还是在美国认识的人,想办法建立广泛的社交网络,保持联系。

当然,除了 LinkedIn,还可以多留意微信和 Facebook。但是,微信和 Facebook 都是私人的信息,如果最终的目的是为了找工作,一定要慎重使用。

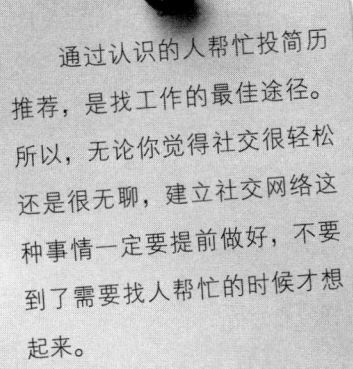

通过认识的人帮忙投简历推荐,是找工作的最佳途径。所以,无论你觉得社交很轻松还是很无聊,建立社交网络这种事情一定要提前做好,不要到了需要找人帮忙的时候才想起来。

如何才能结识职场导师？

职场导师的来源方式有很多种，总结如下：

1. 父母的朋友们；

2. 亲朋好友的朋友们；

3. 同学们；

4. 同学的父母们；

5. 教授；

6. 教授的朋友们；

7. 本地社会各界的领导；

8. 行业协会的领导；

9. 实习单位的领导、同事以及亲朋好友；

10. 社交活动中交换过名片并且有深入交流的人。

需要明确的是，今后职场上的导师不一定是年纪大的人，也有可能是同窗甚至学弟学妹。

在结交的过程中，一定要秉持"真诚"的原则，不能带有特别功利的心态。任何"耍小聪明"的伎俩都很难逃过职场经验丰富的人的眼睛，因此，"真诚"是我们必须要遵守的原则。

留学生一定要树立良好的个人口碑和声誉,这样才能有机会站在更高平台结交人脉。同时,留学生也要努力提升自我的基本技能和素质,认真学习那些职场里资深人士身上的优秀品质。

没有任何社会资源,如何初步建立信任关系?

很不幸的是,并不是所有留学生都拥有上述职场导师的来源渠道。如果没有这种渠道,也不要气馁,因为通过网络和一些正常的社交活动,也能达到相应的目的。

我们总结了以下几点供没有人脉资源的留学生参考。

第一,寻找那些背景类似、专业内相对成功、同为国际学生的学长和学姐。这些学长和学姐可以是中国背景的留学生,也可能是韩国、日本、欧洲的留学生。同为学校的国际生,他们已经走过了艰难的路、了解上过的课、熟悉学校的教授和可以接触到的资源。和学长学姐们了解他们是如何找到工作的,如何搭建人脉的。

当然,不必模仿学长学姐的经历,这只是一个学习和借鉴的过程。通常学长学姐的时间会非常紧张,但是如果学弟学妹们有礼貌,一般都会得到学长学姐的很大帮助。

此外,还可以通过学校社团,尤其是专业类社团来认识同龄人,也许他们也需要社交活动来增强彼此之间的了解。

第二，如果已经有了特定的目标公司或者行业定位，那么就可以通过校友资源进行初步接触。

如果没有直接的联系或者介绍方的话，那么最好的办法是去LinkedIn搜索自己的校友和目标公司，等待搜索完成后，发一个邮件或者消息。

要有不怕"被拒绝"的勇气。其实，通常情况下，校友们都很乐意帮忙。在邮件里，一定要先做一下自我介绍，然后表明对他们的职业路径的兴趣，自己目前的专业和年级、表达自己的未来职业方向，问问有没有机会喝咖啡聊聊天多学习一下。当然，LinkedIn也有可能不被理睬，但是没有回复也不用沮丧，多发几封邮件，总会有人回应的。

同时，也可以加入LinkedIn上的校友会或其他相关小组，里面经常会讨论工作和内推的事情，积极参与讨论也可以了解到很多内容。

第三，除了LinkedIn以外，学校或社团也会不定时组织一些社交活动，比如一些嘉宾讲座或者晚宴活动。参与商业机构举办的活动是很好的方式，这意味着参与者已经做好了和学生聊天的心理准备，也愿意和学生聊天。此外，参与工作招聘会之后，应该努力争取单独介绍的机会。

实例探讨 | EXAMPLE
JOY · CAN

　　经济学专业的小 Joy 终于找到了一份满意的工作啦！之前，由于这个专业的学生基数大，毕业季找工作时竞争对手非常多，所以大家对于找到满意的工作很担心。Joy 也曾默默投递了几十封简历，但结果都不太满意。这时，有一位在某公司的朋友帮她做了内部推荐，HR 第二天就与她进行了电话面试，良好的表现使她成功拿到了第一份 offer。所以，把握机会，适当结识相关行业的朋友，会给求职带来意想不到的惊喜！

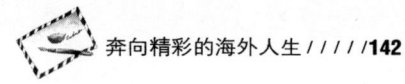

维持交往

如何与职场的前辈们建立并维持关系?

初识之后,可以保持一定频率的沟通,但不宜频繁。通常情况下,作为礼节性的表达,收到名片或者联系方式后的第二天或者第三天,可以发送一份邮件表示感谢,并可以在邮件中表达希望继续联络的情感。

在遇到重大节日时,可以给这些朋友发送简单的问候以及送一些简单的礼物。如果关系进展迅速,可以每两三个月约他们一同喝杯咖啡。约定的时间和地点一定要考虑对方的情况,最好是在他们的办公室附近。每次约谈之前,需要做好事前准备,想好需要表达的观点和问题。向对方的提问要有水平,并在约谈的全程保持一个轻松温和的氛围。

如果这些人当中的某个人愿意提供自己的建议和意见,并且是真心提供帮助,那么基本可以判定,他/她们是你的职场贵人,我们也可以称其为职场导师。

作为导师,他们一定非常繁忙,因此,不要联系得过于频繁。

在与他们交流的过程中，一定要谦虚谨慎，多听他们的建议、意见，不要过多地表达自己的主张和想法，但要适度地向他们表现自己过去一段时间的进步。

与职场前辈进行沟通时具体应当聊什么？

首先，让他们进入自己的世界。告诉他们自己的故事、告诉他们自己的奋斗历程（为什么来到美国、如何来到美国、为什么喜欢/不喜欢美国）。

其次，问问他们的工作。问问他们为什么从事这份工作、有什么有趣的经历、和中国有无任何有意思的关系等。

除了上面的内容，还可以问问他们的家庭，他们的故事，他们的生活状态。多站在他们的角度提出问题。

当然，在谈话的过程中一定不要抱着功利化的心态去与职场前辈接触。每一次聊天和接触应该当作一次非正式的面谈机会，在面谈过程中，努力展现自己人性的一面，努力建立起信任。当然，每一次看似不经意的提问与回答都是获取信息和博得对方信任与好感的关键。

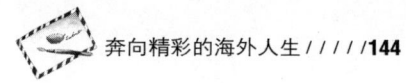

与前辈们聊天时应该注意什么？前期做什么准备？

较高的英文口语水平是有效沟通的前提条件。如果对自己的口语水平没有太多的信心，那么也不要气馁。在对话的过程中，一定要慢条斯理、不卑不亢，将每一句话都讲清楚。有口音也不要紧，美国人不会太在意口音，作为非英语母语地区的人，只要讲清楚意思、表达清楚即可。

在聊天过程中，一定要礼貌、大方，时刻保持求知欲，学会聆听，让对方多讲话而非自我介绍。只有让对方多讲述他的经历，才能让他觉得你们之间变得熟悉了。聆听是一门学问，与对方初次见面交流时，千万不要急于推销自己，要仔细聆听别人的意见。适时提出一些独到的看法，会让别人更快记住你，也不会产生负面情绪。当别人有一些精彩言论或者灵感时，记得给予肯定与称赞。

一定要注意与对方的眼神沟通和交流，并适时点头肯定。眼神是诚恳稳定还是飘忽不定可以看出一个人的做事风格。所以，直视对方或点下头表示尊重和在意，学会稳重大方地与人交谈。

前期准备方面，如果是在公共社交场合，比如职场会议、专业性学术性会议等这类时间有限的环境，简单的自我介绍之后准备一两个问题即可。

根据美国人的行事风格,特别是主流阶层的行事风格,如果是单独约出来喝咖啡聊天,对方通常会准备一个小手册(而非电脑)记录谈话的内容,并时常根据小手册的内容进行提问。因此,我们建议大家准备小本记录更多的相关问题,这样两人之间的距离更近,也显得更为亲切和认真。

与职场前辈接触之后应该做些什么?

名片在手,走遍天下。在参加各种社交活动前,一定要准备好各种名片,作为社交必备之用。这些社交名片用于与对方交换。如果对方没有名片,那么应该礼貌地询问是否方便留下电子邮件地址。活动结束后,当天晚上或者第二天就应该发一封邮件表示感谢,向他们表达聊天很有收获,希望日后也能保持联系。

当然,除非有特别紧急的事情,否则,直接打电话是非常不礼貌的行为。如果必须要打,在无人接听的情况下,应该礼貌地在语音邮箱(Voicemail)留言,把希望说明的情况讲清楚。

我们建议,在初期培养网络和渠道的阶段,自己也要建立联系人库,把这些信息按照一定的、合理的方式记录下来,也可以顺便整理好当时的聊天内容、需要跟进的内容。如果有机会再见面,可以把这些作为聊天话题。后续的见面可以选择一些友好的方式,如在咖啡厅等较为舒适的地方。气氛不必太拘谨,但也需要事先做一点功课,谈一谈家里的事情、办公室的事情、拉一些家常,切记不要急功近利,并注意对方的反馈情况。

善于利用电脑或者手机的一些软件帮助做好时间安排,如 Outlook Calendar, Google Calendar, Omnifocus 等,可在给对方发出邀请后在日历上及时更新时间地点,并及时分享给对方,以便双方都能提前做好时间安排。

感谢信的事例

我们认为感谢信不必过于正式,但用词一定要精确、明了,涵盖所有的要点和内容。

- 示例 1

起草背景:潜在员工在一场针对求职和就业的社交活动上遇到了在某公司工作的 Joy 先生。在参加活动过程中,Joy 先生和潜在员工对于求职和就业进行了非常细致的讨论。

Dear Joy,

It was great to meet you yesterday. Our conversation had provided me with a better understanding of your work at Microsoft and it was so wonderful to gain some additional information from your colleagues Ms. Can as well.

Right after our meeting, I had the opportunity touring the Microsoft campus. It was such an attractive campus that I hope that one day I would be able to be part of it. Frankly, I believe that my strong office, interpersonal skills, my legal knowledge as well as my language skills will be good assets for your team. In addition, my resources in China may also be valuable to Microsoft.

Mr. Joy, I'd appreciated it if you can help keep your eyes open for me, because I am sure that I would be a good fit for Microsoft.

Again, thank you for your time and I hope that we can catch up again soon.

Sincerely,

Prospective Employee

- 示例 2

这封感谢信是作者在一次正式的面试之后向面试官发出的感谢邮件。邮件发出的时点是面试之后的 48 小时之内。

Dear Ms. Can,

Thank you very much for taking the time to meet with me yesterday morning about employment opportunities with JoyCan Educational Technology Company Ltd. I have enjoyed our talk, and am even enthusiastic about the work that you are currently doing.

As we discussed, my experiences at Old Oriental and my extensive international travels have instilled in me the desire to foster educational opportunities worldwide, and to promote cross-cultural understanding of educational methods and adapt them as appropriate in developing countries, in countries such as China. During that process, I have been able to use my technical skills to offer teachers, youth leaders and community organizations ways to achieve their respective goals.

I would be mostly excited if the skills and knowledge that I have gained can be applied in your company.

Thank you once again for your time and consideration. I look forward to speaking with you further about the contribution. I believe that I could make your company a great asset.

Sincerely,

Prospective Employee

— SIX ■————

高层对话篇

多年的跨境法律职业经验使我有机会与诸多位于美国的政界、商界、科技界的领军人物近距离接触，除了畅谈中美之间的商业和贸易往来之外，还有机会谈论诸多关于国际人才往来的话题。

本篇内容通过与这些美国本土知名人士的直接对话，指引中国留学生和家庭在海外（特别是在美国）可以努力的方向，明确在职业领域上的价值所在。

这些第一手的材料非常宝贵，我们精选了五位采访对象的内容，其他几位采访对象的视频资料可以与JoyCan团队（info@joyjn.org）联系索取。

加利福尼亚州大洛杉矶地区圣盖博市市长

对话背景

2016年9月,我在美国加利福尼亚州洛杉矶的圣盖博市市政府(City of San Gabriel)对该市市长廖钦和(Mayor Liao Chin Ho)进行了专访。

据公开数据显示,圣盖博市是加州洛杉矶地区华人最为集中的地方,市长在访谈中的回复有助于本书的读者深入了解新移民以及中国的留学生群体的状况。

人物介绍

廖市长自2013年开始为该市工作,参加该市的服务工作已经超过20年时间。

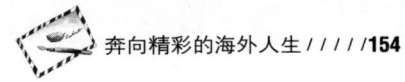

对话要点摘要

o 丁:

我听说,您所在的城市有很多中国背景的移民,他们来到美国,有的是为了学习,有的是为了工作。那么我想问您,算上这些人,大概有多少华人居住在贵市?

o 廖:

根据最新的调查结果显示,我市人口有64%是亚洲人,26%是拉美裔,大约10%是白人,亚裔人群在我市的人口中占有很大比例。

o 丁:

就新移民而言或者就留学生而言,尤其是中国留学生的数量,你们做过相应的数据统计吗?

o 廖:

关于我市的中国留学生数量,我没有准确的数据,但是我市有两所私立学校。其中一所是 San Gabriel Mission High School,大约有近一半的学生来自中国,她们都很优秀,有不少进入了哈佛大学或耶鲁大学;另一所是 San Gabriel Academy,是一所教会学校,有很多中国的留学生,我听说他们的表现都不错。

○ 丁：

我们最近看中国的报纸和其他媒体报道说，由于经济发展良好，雇主们开始雇用刚刚毕业的学生，而留学生也会被潜在雇主们相中，特别是那些世界500强的公司，比如星巴克和波音公司，但是无论是在中国还是美国，对于留学生而言，就业形势都非常严峻。我不知道您所在的地区的留学生情况如何，但我认为很多留学生可能还没有机会进入本地的商业圈，因此缺乏美国公司或者从事某一行业所需要的经验。您对此有什么看法？

○ 廖：

实际上，如果持有学生签证，正常情况下，是不应该工作的，尤其是全日制学生，他们主要任务应该是学习。我市有很多华人，大约有300个华人协会和组织，都有些中国留学生从事志愿服务工作。我个人认为，未完成学位之前担忧工作和无法融入主流可能为时过早。他们可以在毕业后，参加一些特别的培训，也许就能找到工作，譬如进入大公司。

不过毕业后要留在美国工作，就涉及签证种类的问题，而没有永久居留权对于找工作而言，也非常困难。那些有理科学位的留学生可能会更容易申请签证，因为美国政府会因他们拥有特殊技能而允许其永久居住。

当然，我们市也有一批很年轻的企业家，他们多出自富裕家庭，看上去也就20出头，就已经拥有自己的公司了。

o 丁：

哦，是吗？能否简单介绍一下他们的情况？

o 廖：

是的，他们来自中国大陆，可能只在这里待了几年的时间。他们经营着自己的餐馆或者成为汽车销售商，还有其他各种行业的业务。

o 丁：

您对EB5投资移民签证项目的了解程度怎么样？您这个城市的情况如何？

o 廖：

我市正在建设三家新的旅馆，还在推进另外一个投资计划，目前大约有30个项目工程正在进行中。但是我们并没有一个大型的EB5项目，即使有也尚处于起步阶段。

很多开发商都是用自有资金进行投资，这是一个好现象。房地产价格不断上升，很多投资者愿意在我市进行投资。例如，最近我们刚出售了一块土地，有十几位竞争者，且都可以用现金支付。卖家最初计划以两千万美金出售，但最终的成交的价格竟然高达三千七百万之多，比预期多了一千七百万。

o 丁：

是不是孩子到海外求学，父母就会考虑购置海外房产呢？

o 廖：

这的确是一个事实，也是一种趋势。我认为他们想通过购置房产来拿到美国绿卡，不只是为了他们的孩子，可能也为了他们自己。EB-5 政策已经实行很长一段时间了，未来可能有一些小变化，那就是申请者可能需要等待更长的时间，因为等候批准的申请人名单很长。即便如此，也有很多人希望通过投资来获得绿卡。

o 丁：

那如果是企业的收购和兼并呢？正如您所了解，中国的公司近期收购了美国的一些公司。那在您所在的城市，哪些产业更能吸引外资或是外国公司呢？

o 廖：

我市并不是一个大都市，只是一座舒适的小城。大家喜欢这里的一个原因是因为它处在圣盖博谷地的中心，另一个原因是这座城市的文化，她是洛杉矶的发源地。我们这座城市由传教士于 1771 年建造而成，已有 245 年的历史，10 年之后，圣盖博市的人们逐渐搬到洛杉矶，洛杉矶后来才发展成如今的大都市。我们最近刚为洛杉矶市 235 岁的生日举行了庆祝活动，可以说两所城市在历史上是紧密相连的。

投资者到我们这里投资，绝大多数人可能会选择投资房地产，因为酒店建设和其他房地产项目都很有吸引力。如，我市吸引了北京的一家房地产企业，他们公司在我市的房地产开发项目即将竣工；此外还有来自深圳的房地产企业，这家公司将会投资100亿美元，不只是在我们这儿，也将在整个大洛杉矶地区建设希尔顿酒店，大约288间房间。我们欢迎他们到这里投资，任何人想要到此投资，我们都很欢迎。

o丁：

如果您给中国留学生和他们的父母就如何融入美国，例如融入美国文化、融入商业圈等提三点建议的话，这些建议将是什么？

o廖：

首先，我想对中国留学生说，要把学习放在首位，不能浪费这个宝贵的学习机会。美国是教育强国，在这里，学生们能够触碰到很多新事物和高科技，所以我的第一点建议就是把学习放在首位。

第二，要主动融入当地主流社会。这一点适用于所有在美国学习的学生，任何中学生在进入大学前，都需要在空余时间做一些社会服务。不同学校对服务时间有不同的要求，但是总的来说，每个人每年要进行400小时的社会服务活动，学生需要帮助非营利组织、无家可归的人，不幸的儿童或者老年人。积攒足够的社会服务时间有利用大学的申请，因此我建议中国留学生也参加一些社会服务，与此同时，也能了解美国社会的构成。志愿服务在美国很重要，它既不是政府组织，也不是公司组织，而是人们自愿采取的行动。这让社会更具凝聚力，更加和谐。

第三，留学生的家长们，要多关心自己到海外留学的孩子，尤其是青少年或者是年纪更小的孩子。不要只顾在中国赚钱给孩子支付留学费用，而不给孩子电话和安慰，否则孩子们会认为自己被父母们抛弃了。所以，请记得不时来探望自己的孩子，如果可能的话坚持每天给孩子一个电话，了解他们的课程安排以及每天的饮食状况，和孩子保持密切的联系，而不是把孩子送到美国就不管不顾，千万不要那样做。我听说一些孩子因为和父母关系不好，走上自我毁灭之路，我们不希望那样的事情发生。

o 丁：

感谢大家观看我们今天的访谈，也非常感谢市长在百忙之中抽出时间接受我们的采访。谢谢。

o 廖：

谢谢！

NBA 全明星队队员

对话背景

2016 年 9 月，JoyCan 团队成员对詹姆斯·唐纳森先生（James Donaldson）先生做了主题采访。

本次采访的目的之一是从对中美两边都非常了解的知名人士的角度，深入挖掘中国留学生在美国未来的发展前景。

人物介绍

詹姆斯先生于 1979 年进入 NBA，先后效力于西雅图超音速队、犹他爵士队、达拉斯小牛队等球队。在 20 年的职业生涯中，他多次和迈克尔·乔丹、魔术师约翰逊等人同场竞技，还曾入选 NBA 全明星队。退役之后，他担任 NBA 退役球员协会的会长，并拥有属于自己的唐纳森诊所。

詹姆斯先生多年往返于中美两地，除了以向中国各地推广篮球为己任外，还在教育和出国领域拥有多方面的技能。

对话要点摘要

o JoyCan：

詹姆斯·唐纳森先生，您能否简单介绍一下您自己？

o J：

非常感谢您的邀请，我的名字是詹姆斯·唐纳森，住在华盛顿西雅图多年。我毕业于华盛顿州立大学（Washington State University），在美国西北地区的时间非常长。

我是一名职业篮球选手，效力于NBA多年，2000年的时候退役，之后拥有了自己的企业，即唐纳森诊所，坐落于西雅图的北边，拥有多年的历史。这个企业做得非常成功，已经为诸多需要身体康复和提升的人提供服务。

多年来，我在西雅图地区非常活跃，在过去五年，我参与了很多中国的事情。

我大约一年有6个月在中国，主要在北京地区，当然也会偶尔去其他地方出差。我主要的工作是参与学生海外求学项目（Study Abroad Program），合作的机构包括中国的清华大学、位于威海的山东大学和其他大学和高中。我会前往这些学校，与学生们进行交流、演讲，告诉他们到美国学习的一些经历、可能性以及未来。

另外，我也进行一些篮球的培训，特别会邀请一些曾经退役的 NBA 运动员到中国来，给那些中国的孩子们进行篮球培训，包括举办一些篮球训练营的活动。参加过的孩子们，每个人都很喜欢我们的活动。

o JoyCan：

非常厉害。您是通过什么渠道了解并知道 JoyCan 的？

o J：

我是通过丁律师了解到 JoyCan 的，丁律师是我很好的朋友，我们已经共同做了不少项目，他现在应该人在北京吧？他和我一样，每年会往返于北京和西雅图多次。丁律师毕业于华盛顿大学，这个学校是我们华盛顿州立大学的竞争者。（笑）是的，我和他是很好的朋友。丁律师向我介绍了 JoyCan。

o JoyCan：

据我们所知，您在全世界各大城市都生活和工作过，包括纽约、达拉斯、伦敦等城市，是什么原因使您最后愿意在西雅图定居下来？

o J：

我确实曾在世界各地都待过，很多城市真的非常美丽，比如西班牙、希腊等欧洲国家，还有美国的纽约、达拉斯、圣地亚哥等城市。

但没有一个城市和西雅图一样,西雅图一年四季分明,气候宜人、空气质量非常好,污染非常少。当然,现在的交通拥堵似乎有些麻烦,但是还没有那么严重。是的,西雅图是一个非常宜居的城市。走过全世界这么多的城市,我发现,真的没有哪一个城市可以与西雅图相比。

除此之外,如你所知,西雅图已经逐渐成为全球科技中心之一,这里有很多知名的高科技公司及其总部,比如微软、亚马逊和其他很多知名的跨国企业。

o JoyCan:

您的背景真的让我们非常钦佩。我想问您,您最终的职业目标是什么呢?

o J:

这是一个比较有趣儿的问题。我想,我希望在我能将任何事情都做到"成功"。

这种对于成功的渴望可能是与生俱来的,也可能是因为我身为运动员的特征吧。在我们接受训练时,经常被教育要努力推动自己,努力让自己突破极限。

随着年纪的增长,我们都会知道,这个世界上总会有更多的人比你更优秀,总会有更多的企业赚的钱更多,但是对于自己来说,成功意味着让自己做得最优秀就好了。是的,如果你对自己做的事情开心，那么就是成功。无论是做篮球选手、作者，还是企业家、演讲者，只要我努力认真去做、做的时候开心，这就是成功了。

o JoyCan：

我们注意到您在北京也有自己的公司，和清华大学一起合作，想必您应该有很多中国的同事、中国的合作伙伴。您在和他们相处时觉得怎么样？

o J：

通过过去几年时间与他们的接触，我真的非常喜欢中国人和中国的文化。中国人工作非常辛苦，中国学生的学习也非常认真，我真的希望美国学生也能和他们一样认真。这也是为什么我喜欢做海外求学项目的原因之一，当这些中国学生来到美国之后，他们也一样的认真。拿到了美国的学位之后，他们可以选择留在美国，也可以选择回到中国。无论是哪种选择，对他们来说，都会帮助他们在未来职业方向上的发展。

总的来说，我真的很喜欢中国、中国人、中国的食物、中国的文化，这些都是我喜欢的。正是因为这样，我也一直努力学习中文，希望有一天，我可以用中文与我的中国朋友们一起对话。

o JoyCan：

从您的角度来说，我们中国的留学生有哪些地方需要改进吗？

o J：

中国拥有非常悠久的历史，习惯、文化等领域都要远远长于美国。因此，当中国人到了美国之后，可能要开放自己的思维习惯，需要对美国的行为方式有所了解。

举个例子，我发现很多中国人到美国之后，喜欢和中国人、中国社区在一起。当然，我也发现有一些中国留学生是不错的，他们愿意和美国人交流、愿意和他们在一起建立关系，这些对于留学生来说都很重要。特别是对于年轻的中国留学生来说，如果有机会可以多与美国人交往，未来可以收获很多重要的东西。观察、吸收美国式的做法后，就会比较容易融入这里了。

○ JoyCan：

您的这个反馈和我们很多VIP访谈节目嘉宾的反馈是非常一致的。

○ J：

是的。学习美国的语言、文化是非常重要的，如果不懂得这边的语言当然会受到很大的影响和麻烦。

○ JoyCan：

您在中国也做英语培训吗？

○ J：

我自己不给学生做英语培训，但会安排美国的老师到中国给中国学生做英语培训。在中国,我和一些高中的国际部合作,做一些培训工作。当然,我们发现这些学校的国际部里有不错的英语国家的老师和中国老师共同帮助学生提升英文能力,以保证这些学生在未来到美国时拥有良好的语言功底。

o JoyCan:

在假期,特别是休假时间比较长的暑假,您对学生有什么建议吗?

o J:

我鼓励学生多参加一些文化交流项目。特别是那些目前在中国,未来有计划来美国读书的孩子们,我建议在暑假的时候可以来美国参加一些暑期课程、参加英文的集中培训,多看看美国不同的地区,多学习美国不同的文化,多感受一下美国。很多时候我们发现,中国学生喜欢看美国的东部和西部,但是他们忘记了去看一看美国中部地区、南部地区等。虽然这些地区没有太多的中国人居住,但是这些地区是非常利于了解真实美国的一个通道。我非常建议中国学生们这样去做。

当然,现在我还努力寻找让美国学生到中国的机会,也在做同样的事情,比如参加一些文化交流方面的活动,品尝当地的美食等。不幸的是,现在有这样意愿的美国学生数量不多,而愿意到美国的中国学生数量更多,这样非常好。

o JoyCan：

现在媒体上有一些关于中国背景的虎妈的报道,您怎么看?另外,很多留学生的家长们愿意在学业上、职业规划上给孩子一些建议和指导,您有什么想对这些父母们讲的吗?

o J:

(笑)所谓可怜天下父母心嘛,父母都希望自己的孩子可以学业优秀、职业发展优秀、身体健康,没有任何社会上的麻烦的事情出现。

其实,父母们不必太严格地管教孩子,特别是在科技如此发达的今天,用手指轻触电子设备,学生们就可以学到很多东西,一定的娱乐时间和学习互不冲突。现在的时代和我们当时读书的时代不同,比如那个时候,我们可能每天学习十五个小时,现在可能每天四五个小时就可以了,其他时间可以参加很多活动,比如课外活动、参加交流项目等,这些内容实际是其父母年轻时无法做到的。现在的时代发展迅速,可以让我们把事情做得更快更好。

o JoyCan：

是的。

o J:

当然,我们需要注意的是,一定要有主次的顺序,即,教育一定是第一位的,其他都是次要的。

美国富豪俱乐部 Tiger21 副主席

对话背景

美国富豪俱乐部——老虎21俱乐部（Tiger21 Club）被美国的《福布斯》杂志评为世界上最神秘、最有权势的、只能通过邀请和严格审核才能加入的俱乐部。

2016年7月，JoyCan团队的成员对Tiger21俱乐部的副主席Melissa Shilliday进行了一次专访。

人物介绍

Melissa Shilliday，现任美国老虎21俱乐部（Tiger21）的副主席，在财政、销售和运营管理等领域都有很高的建树，并且具有长达三十多年的协会组织和领导经验。她不仅在伯恩斯全球理财公司发挥了出色的理财技能，更在1998年合作创办了旨在激励员工向心力的The Performance Group。Melissa说："庆贺别人的成功，嘉奖别人的成就，正是我奋斗的动力所在。"

对话要点摘要

o JoyCan：

您是怎么认识 JoyCan 的投资人丁律师的？

o M：

丁律师曾受 Tiger21 以及洛杉矶商会的邀请，为美国企业家做关于中美跨境投资与并购的演讲。会议前，我们第一次做了一对一的正式会面，聊了一些项目上的合作。之前，丁律师在西雅图给 Tiger21 西雅图分会的七名会员做一场关于中国的演讲时，我是他的听众之一。

o JoyCan：

据《福布斯》报道，Tiger21 是世界上最神秘、最富有的俱乐部，您能为我们介绍一下 Tiger21，以及您在其中的工作吗？

o M：

《福布斯》肯定是夸张了，Tiger21 并没有他们说的那么神秘，而且用 Club 来形容它并不贴切，它实际上是一个高净值精英们的 P2P（Peer To Pear）的学习网络。

Tiger21 的全称是 The Investment Group for Enhanced Results in the 21st Century，它聚集了各行各业的创造者，让会员在思想的碰撞

中,分享投资机会,提高投资敏锐性,解决财富保有和传承等问题。

Tiger21 目前在美国和加拿大设有多个网点,英国伦敦以及波多黎各也有分部,每月会有一次聚会。

我是 Tiger21 的副主席,主要负责美国西海岸的会员发展,工作主要包括挖掘潜在的会员并把他们介绍给 Tiger21。

o JoyCan:

如您所知,很多中国留学生的家庭在中国都是很富裕且有影响力的,然而他们中的大多数,也希望在继承家族产业的同时融入美国的主流商界。您对这些留学生以及他们的父母有什么建议呢?

o M:

我接触的会员大部分是白手起家的富裕家庭的第一代,我相信,他们面对的挑战和其他国家富裕家庭面对的挑战类似,即家族的财富应该如何传承给下一代?如何把自己的孩子正确引导到成功之路上?

我住在加州伯克利附近,我发现伯克利大学的很多中国留学生非常努力,但是他们很少主动接触美国社交圈,更多时候只与中国同伴打交道。

对比美国的孩子,他们更愿意与不同背景的人打交道,比如我经常听到朋友的孩子在海外学习的消息。他们通常选择一些小语种的国家,如西班牙、法国、意大利等,他们乐于跳出自己的圈子,在挑战自己的过程中得到提升。

所以我对中国学生的建议是,如果你们想要融入美国的主流商圈,就一定要抛开所有顾虑、抓住一切机会、积极主动地与外界交流,特别是参加一些社交活动来结交主流商界的前辈,通常会有意想不到的帮助。

而中国学生的家长们,如果你们想让孩子在美国发展,我建议早一点让孩子接触美国的文化和商业环境,最好从初中、高中就开始。

o JoyCan:

您能给我们介绍一下美国的"富二代"们吗?他们通常从事什么工作?有什么特别有意思的地方吗?有没有国际业务往来呢?

o M:

从我接触的人来看,大多数美国的"富二代"与普通人没有太大差别。虽然他们有着明显的优势,但是他们并没有因此松懈,无论是学业还是职场都努力做到最好,因为他们从小受到的教育就是"为你想要的生活而不懈努力"。

没错,现在很多美国公司都十分重视国际业务往来,但是这并没有改变这些公司的属性:他们仍然是美国公司、秉持美国的价值观和商业准则。所以中国学生如果想要成为其中一员,还是要从了解美国文化、积极融入美国社会做起。

华盛顿州奥本市议员

对话背景

2016年9月份,JoyCan团队成员对美国华盛顿州奥本市议员、美国华盛顿州原韩裔律师协会会长辛·丹尼(Dan Shin)律师进行了采访。

奥本市(City of Auburn)位于美国华盛顿州大西雅图地区,是该州比较重要的货运以及仓储业中心。

人物介绍

辛·丹尼作为律师已经从业15年了,是一位非常优秀的美国房地产领域的律师。他服务过的客户既有美国本地的企业,也有来自境外的企业,包括中国的企业和中国的新移民。

对话要点摘要

o JoyCan：

首先非常感谢您接受我们的访谈，我们知道您的时间非常宝贵。在开始前，您能否简单介绍一下自己呢？

o D：

谢谢！我今年42岁，我两岁的时候移民到加拿大多伦多，自小在那里长大，先后毕业于多伦多大学的三一学院（Trinity College 和约克大学法学院。我在 2001 年至 2007 年之间是一名政府律师，2007 年我和太太一起搬到了美国。那个时候正是美国经济萧条的时候，工作机会非常少，但是我很幸运地有机会管理一家房地产公司，因此，学到了如何在经济萧条期间运营房地产企业。这为我未来成为一名房地产律师奠定了坚实的基础。从 2010 年开始，我便开始了房地产律师的生涯。到现在为止，我参与过的房地产交易项目的金额已经超过了 7 亿美金。

o JoyCan：

和加拿大多伦多相比，西雅图怎么样？

o D：

多伦多的税收非常高，那边的房价也非常高，目前来说，加拿大元价值相对较弱。在美国，这边的税收比较低，从投资房地产角度来看，美国的机会也要比加拿大多很多。现在，加拿大温哥华政府对于外国投资者投资房地产征收 15% 的额外税赋，因此，造成了温哥华当地的房地产市场开始降温，西雅图地区的房地产市场开始升温。您也知道，温哥华到西雅图的车程仅有 3 个小时，因此，西雅图和大西雅图的贝尔维尤地区的房地产市场是比较火爆的 。

o JoyCan：

您拥有非常深厚的国际化背景，包括韩国、加拿大和美国，还拥有非常优秀的教育背景。我们比较好奇，您是怎么将学术优势成功地转化为职业优势的？

o D：

我在多伦多大学读本科时，就读于经济学专业。对于需要进入房地产行业的人来讲，拥有会计和金融常识是非常必要的。因为理解房地产行业，需要对数字非常敏感，包括要读懂各项报表。在收购房地产时，这些数字决定了房地产本身的价值。所以在本科时，我读了经济学专业，同时也上了房地产的专业课。

在法学院期间，我上了诸多与房地产专业相关的课程。加拿大的法学院通常在低年级的时候讲授所有基础的法学课程，到高年级时则设置更加专业的课程供学生学习。我就读的加拿大的法学院是美国律师协会（ABA）认可的法学院，因此，我毕业之后有机会在美国参加美国司法考试。很多外国律师到美国之后，很难得到美国律师资格，除非他曾就读的法学院得到美国律师协会的认可。我很幸运，我的法学院是他们所认可的学校之一。因此，我没有必要再进行任何其他的法学训练。

当然，我必须要参加美国华盛顿州的司法考试，我上了一个为期6周的课程，之后参加了考试，于是获得了华盛顿州的律师资格。6周的课程比较紧张，但是对于我来说，也算是一个比较好的投资了。

o JoyCan：

您为什么选择这个专业？

o D：

实际上，我在开始读大学时我选择了科学类专业，因为我的表兄在多伦多是这个领域的博士。他比我年长许多，当然钱也赚得非常多，所以我的妈妈对我说，也必须要像他一样，在这个专业领域学习。之后，我发现我并不喜欢科学类专业，比如物理等科目，这种东西对我来讲太抽象了。我更喜欢数字、数学研究以及商业内容，我也喜欢制定战略规划，使公司变得更加优秀，因此，法律对我来说更加合适。

o JoyCan：

据我们了解，您有很多不同的国际背景的客户，他们来自中国、

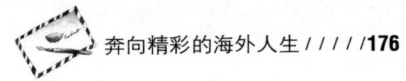

韩国、加拿大,很多时候您也需要跟一些其他的专业人士持续地沟通,比如投资银行的员工、会计师、您的同事等。您是怎么处理与这些人的沟通的?

o D:

我自己使用一个收集信息的系统。

举一个例子,有一个国际交易,买方在加拿大的东岸,银行在美国的西岸,卖方在西雅图,对于这类国际交易,律师的角色更像是一个项目管理人。因此,对于一个大项目来说,对于信息的管理和管制是非常重要和必要的。

我会把所有的信息集中在手中后,归档到不同的档案中。如果某一天有超过 150 个不同的内容过来,归纳与处理好这些信息是非常耗费时间和精力的,也非常容易使这些信息变得不容易追踪以及使它们变得混乱。如果这 150 个不同的信息被归档于不同的文件夹中,管理这些信息会显得非常容易了。把信息从大的、零碎的变得小的、有组织的会使得信息的往来变得更加流畅。

o JoyCan:

这个信息特别好,也值得我们学习,尤其是对于在校的学生而言。学生们确实有很任务,比较读书、参加各项活动、聚会等,如果没有一个好的系统和习惯的话,确实会非常混乱。

o D：

是的。

o JoyCan：

因为您的客户群体比较多样，您可能多次与不同的中国客户和家庭打过交道，您是否可以和我们分享一些这方面的内容？

o D：

这是一个非常好的问题。我们与一些中国学生、刚毕业的学生一起合作共事过。通常情况下，他们的父母在中国，他们被送过来读高中或者大学。我认为，把孩子送来之前，家长应该有一个比较清晰和明确的目标。举一个例子，如果他们希望未来从事房地产行业，那么对金融和会计的进修就非常有必要。

当然，当前社会信息的来源非常广泛，每一个领域的内容都非常多，获取信息的渠道也非常多，成为一个"杂家"也是可能的。对于我自己来讲，虽然我可以作为律师从事不同领域的业务，但是我选择了房地产作为我的专业特长，即每当人们想起我的时候，会马上想到我是房地产领域的专家，即使我也从事其他的法律服务。我觉得对于学生来讲也是一样的，比如学生在低年级的时候，可以是一位"杂家"，即对所有知识都有所了解，之后在高年级时，再慢慢选择自己喜欢的领域和特长专业，未来在毕业的时候，当雇主看到学生的简历时，可以马上了解这个学生的专业特长是什么，比如这个学生的专业特长是金融、是公共健康等。

o JoyCan：

在我们进行采访的时候，恰好是美国高校的暑假期间。您也知道，每年美国高校会有一些或长或短的假期。对于这些假期，您对学生们有没有什么建议？怎样去利用这些假期更好地提升自己的能力呢？

o D：

这个问题非常好。如果我年轻一些的话，比如回到18岁，知道自己喜欢房地产的话，我会首先和这个领域的行业协会加强联系。在北美，任何领域都有自己的专业协会，这些协会实际上非常主动地、积极地寻找年轻的、未来有志于从事该领域工作的大学生。在房地产领域，有非常多的行业协会。在这些行业协会中，通常都有一些下属的协会是特别地为大学生设立的，如果大学生有兴趣参加这些行业协会，他们将有机会参与到一些志愿服务的工作当中，比如志愿服务于他们的某些会议，并通过这些活动结识更多的行业内的专家学者。实际上，我为很多类似的房地产行业协会讲授课程，如果有哪些学生对这个行业有兴趣，我会非常乐意帮助他们寻找各类机会。

很多雇主在看学生简历时，会注意到他们在学生期间的各项经历，比如是否有课外的实践活动，是否参加过大型活动的志愿服务经历。如果有的话，雇主会非常开心。这样一来，有经验的学生们就会获得更多的机会，而使那些仅有 GPA 成绩的学生处于劣势。

o JoyCan：

所以，建立社交网络是非常重要的。

o D：

的确如此，对于年轻人来说，和年老的人在一起社交是比较有压力的，有些时候也是比较尴尬的。但是，像 JoyCan 的投资人丁律师，就建立了成熟的社交网络，拥有非常多的行业内的资源。

提到比较有效的求职方式，当然还是把简历交给朋友或者朋友的朋友，这种求职的方式要远远好于那些向不认真的人发送邮件，这种发邮件的方式被我们称作冷简历（Cold Resumes）。一个职位的冷简历可能要超过 1000 多份，发送这种冷简历不是找实习和找工作的最佳方式，也不是和一家公司建立联系的最佳方法。通常，朋友和社交网络的朋友们才是最好的途径。

o JoyCan：

根据一些美国的报道，西雅图地区是近些年来最受中国投资人青睐的投资宝地，对于这个趋势，您有没有什么意见呢？

o D：

在北美地区，有一些公认的一线城市，比如纽约、洛杉矶、芝加哥和旧金山,西雅图地区算是所谓的二线城市。但是近些年来,我认为西雅图正在逐渐上升至一线城市的地位。最近一段时间,西雅图地区的房地产行业越来越火爆,特别是在大西雅图地区的东部贝尔维尤市地区,我来到这边的原因也是因为这个地区缺少这个行业里的优秀律师。近些年,这个地区吸引了太多中国背景的房地产投资人,比如中国大陆、香港地区、台湾地区甚至北美的投资者。他们经常飞到这里,寻找专业人士协助他们。的确,对于这些人来说,特别需要像我一样背景的律师帮助他们。通常情况下,他们会先问居住用房,寻找那些可以让孩子们上公立学校的房产;之后,很多人开始询问商业地产。这里的房价和一线城市相比还算合理,这里的空气质量很好,就业环境也非常好,比如亚马逊、波音等大型雇主,医疗领域、生物制药领域都在逐步发展的过程中。我搬到这里并不仅仅是我太太的原因,也是因为这个城市确实在各方面都非常的棒。

o JoyCan:

很多人可能还考虑美国的其他城市,除了我们之前提到的那些一线城市以及类似于西雅图的准一线城市之外,您觉得对于这些人来讲,有哪些因素是需要考虑的,以做出他们移居到这个城市的决定?

o D:

我认为应该有不同的因素。第一项因素,这个地区的主要雇主有哪些，这些雇主是否代表了未来发展的方向？比如科技行业、生物行业，这类行业都是上升的行业领域；第二项因素，就是这个地区是否有顶尖的高校，如果有的话，这个地区会逐渐吸引非常优秀的居民，这些居民的教育程度高，有大笔的资金可以使用；第三项因素，就是这个地区是否有足够的投资机会，就西雅图的金县地区来说，这里就有很多房地产的机会，不像纽约等大城市已经没有太多的土地可供使用。

o JoyCan：

您之前提到，您本科读的是经济学，后来对商业产生兴趣，特别是喜欢帮助企业组织战略方面的事宜，那为什么您当时没有选择去读MBA，反而去读了法学院呢？

o D：

作为律师，我提供的是法律服务，但是很多的时候，我在商业战略与公司发展方面会向客户提供我的智力支持，以及战略构架技能。不过我确实考虑过去华盛顿大学读MBA课程。2009年时，课程的学费比较昂贵，而且2009年依然处于经济萧条期，所以我认为，那个时候读MBA并不是一个特别明智的投资。当然，我喜欢做律师，在促成交易的过程中，商业律师的作用非常明显。因为没有法律的支持，几乎不可能达成交易。

○ JoyCan：

您提到会计专业的学生可能会在房地产行业比较受欢迎？为什么呢？

○ D：

举一个例子，对于一个小的项目交易来说，比如买卖一所购物中心，会计专业的学生可以看懂这家购物中心的报表，比如租售情况，其他专业的学生则没有这个优势。有能力和技能看懂这些数字（投资与收入比／负债率等）非常重要。房地产行业是一个拥有巨大资金量的领域，很多融资是通过债务融资与股权融资进行的，如果有会计和金融背景，会对这些融资的适当性进行规划和参考。如果没有这些技能，公司很可能在金融危机时倒闭。更具体一些，面对不同融资方式，如果有技能，就可以制定非常合适的融资规划与融资方案。当然，如果需要为大型机构工作，这些机构可能拥有更多的投资组合，比如持有20家以上的房地产项目，拥有这些技能的员工就可以帮助企业分析各项金融数据，包括折旧、损失和收益以及未来的公司预算等。无论是从事房产管理人、资产管理人还是大型机构的分析师，拥有会计专业和金融专业背景非常重要。

○ JoyCan：

作为一家在华盛顿州最著名的律师事务所之一，您的事务所一般招聘什么样的实习生呢？

o D：

我们事务所确实是西雅图东部最大的一家律所，我们服务于不同类型的客户和企业。如果有可以讲中文的实习生来我们律所工作，我们会特别开心。因为我们有很多客户都来自于中国。有些人可以讲基本的英文，这样对我来说非常方便，因为我不会讲中文，但是绝大多数人是不会讲英文的。因此，如果有一个可以讲中文的团队成员在我们事务所供职，这会是非常理想的。目前来看，我们通常都使用中间人作为翻译来帮助我们工作，比如客户公司里的员工。如果我身边有一个员工可以讲中文，那当然非常棒了。在我们这个行业里，有经验的、可以讲中文的房地产行业的律师非常少。

尽管法律行业有可以讲中文的律师，但是房地产行业需要更多技能，因此这个领域的律师非常少。

o JoyCan：

您所提到的"讲中文"仅仅是一个语言技能，除了语言技能外，还有什么技能是您和您的事务所比较看重的呢？

o D：

对于我们事务所来说，应该有两种不同的领域。

一种是行政人员，即可以做律师助理或者纯粹的行政人员。对于律师助理来说，并不需要太多的技能，因为进入律所之后，可以由律所进行培训。但是，很多事务所并不太喜欢训练零经验的人，通常聘用那些有多年经验的人；对于小型事务所来说，他们可能更愿意培训零经验的员工，因此学生们可以在小的律师事务所接受一些训练之后再到大的律师事务所找工作。

另一种是，去读法学院，做一个律师。和我同龄就读法学院的人有一种很有趣的情况，即他们不再从事律师行业，而去其他行业工作。因此，在我这个年龄段里，真正拥有房地产经验的律师是比较少的。

o JoyCan：

您怎么看拥有销售或者市场营销技能的人？

o D：

从事法律行业的工作，必须拥有两个技能，一个是法律专业技能，一个是销售技能。拥有法律技能、提供专业性的服务当然是重中之重，但是能否真正把自己推销出去也同样重要，因为这是拿到客户的必需技能。律师事务所有不同的规模，比如大型的律师事务所通常处理大型上市公司的法律事宜；中型的律师事务所，如我们律所一样，通常处理中小型企业和政府的相关法律事宜，以及为比较富裕的阶层提供法律服务；小型的律师事务所会处理那些各种小型企业及普通个人的法律事宜。

o JoyCan:

我们发现,中国留学生在美国本地的世界五百强企业工作的可能性并不大,因为这些世界五百强企业可以直接在中国境内招聘学生,而没有必要出更高的工资招聘在美国就读的中国学生。所以,我认为美国的中小型企业可能是非常好的、可以让这些中国留学生进行实战和学习的地方。

o D:

的确如此。任何一家美国公司都愿意进入中国庞大的市场,但是并不是每家公司都拥有巨大的资金实力在中国境内开设办事处并招聘本地员工,因此在美国境内招聘员工对于这些企业来讲是非常节省时间和资金成本的。我也会鼓励中国留学生努力加入这类企业。

o JoyCan:

非常感谢您的时间。

o D:

谢谢!

知名高科技公司 asterRIDE 创始人

对话背景

2016年8月,JoyCan 团队对 asterRIDE 公司的创始人兼首席执行官赛斯·若丁 Seth Rudin 进行了专访,Seth 拥有18年高科技产品的销售和咨询的工作经验。

asterRIDE 被2015年的美国企业家杂志评为"100家最杰出的公司",同时 asterRIDE 也成功跻身前7个最热手机旅游 app,在该行业打车软件市场独占鳌头。

人物介绍

Seth Rudin 先生于1996年毕业于亚利桑那州大学,2006年以高级工商管理硕士身份从贝勒大学毕业,在创立 asterRIDE 之前,他供职于美国戴尔公司总部 DELL,并曾两度获得过 Dell CFO Excellence Award。

对话要点摘要

o JoyCan：

首先，感谢您宝贵的时间接受我们的访问，也感谢您成为JoyCan 的独家战略合作伙伴。那么，首先请您介绍一下您的公司asterRIDE 还有您自己。

o S：

我们 asterRIDE 是一个非常好的公司，丁律师已经接受过我们的服务。asterRIDE 是一个全新的、连接乘客与司机的软件，asterRIDE 对司机的要求很高，必须驾驶高档轿车、经过职业训练和背景调查。在一些城市，我们也把出租车放到这个软件里边。我们的软件可以使乘客提前预约用车，不用担心像其他用车软件一样在高峰时期价格翻倍。使用者也不必担心安全问题，因为司机非常专业，且公司会帮助乘客维护安全。当然，您可以在本地使用这个软件，也可以在其他旅行的城市，比如洛杉矶、旧金山等使用这个软件。我们的软件在所有城市都是一个平台、一个模式。我非常感谢丁律师可以邀请我参加JoyCan 的项目，他是一位非常值得信赖的朋友。

o JoyCan：

我们注意到，您的第一份职业是银行职员，后来的职业规划和发展是什么样的？

o S：

是的，我的第一份工作是为银行工作，那时候银行的薪水比较高（笑）。我的父亲是一名工程师，我的母亲是一名伯克利大学的教授，但是我本人是很有"创业"精神的。所以，在银行工作之后，我为IBM公司、美国戴尔公司工作，也做一些咨询方面的工作，最后，我自己开始做创业，创立了这家asteRIDE公司。

o JoyCan：

在您大学毕业之后，进入了金融行业，这么多年的努力之后，您觉得您最终的职业目标是什么？

o S：

在我大学毕业之后，进入金融行业确实是我喜欢的事情。我在大学期间就愿意从事这方面的工作，我希望通过这方面积累的经验，让我在未来有机会可以完成拥有自己公司的梦想。之后，我在为欧洲的SAP公司提供咨询服务的时候，认识了现在asteRIDE公司的创始伙伴，于是我们开始筹划设立自己的企业。这只是我们第一家创业公司，我们认为做的已经非常优秀了。

o JoyCan：

所以这个项目仅仅是您的项目之一？

o S：

是的，这个项目是我们的起步项目之一，这个项目的一些原理，有可能在未来会应用到不同的技术领域当中。

o JoyCan：

您最开始怎么有了打造 asterRIDE 的想法呢？

o S：

正如我之前所述，我们发现出差时，很多时候不能满足自身商务出行的需求，比如在机场，我们看到开黑色车的专业司机、开普通的士的司机有时候浪费很多时间在等客户。当时，我和我的伙伴考虑到如果可行的话，应该把两方面的需求嫁接起来。

因此，创立这个公司的想法就产生了。我们软件的司机，会让你得到最为优质的服务，包括给您开车门、为您提前准备饮用水、专业的微笑服务等。另外，我们也不会在高峰时刻或者某地需求量骤增，如有音乐会时提高用车的价格，别的公司可能这样做，但是 asterRIDE 不会。

o JoyCan：

正如您所知，现在 Uber, Lyft 等用车软件似乎和您的软件有些类似，而这些软件已经在美国和全球各地非常成功。您的软件和他们相比有什么特点？

o S：

这个问题经常被人问到。在我看来，Uber 和 Lyft 并不是和我们在同一产品线上的用车软件。Uber 和 Lyft 等软件提供的交通服务费用通常低于市场价格，他们的驾驶员的薪水也要低于正常驾驶员的薪水；而我们公司则不同，我们提供的是在价格合理范围内的高档次、高享受的服务。

另外，在安全系数方面，我们做的要更好。因为任何司机想加入我们的平台，需要通过我们比较严格的背景调查，从而保证司机水平以及没有不良记录。

同时，在费用方面，普遍来看，特别是在考虑加价的因素下，我们的价格和他们同档次的车型相比是比较便宜的。如果客户经常使用的是豪华车型，那么使用我们的服务会更加省钱。

当然，比较重要的是，我们的车型和司机都有商业保险，如果出现任何问题，这些保险都可以协助解决。其他的软件服务提供商在这方面却没有强制的要求。

o JoyCan：

您现在做这家企业时，遇到了哪些挑战？这些挑战与您之前的工作经历是否有什么正面或者负面的联系？

oS：

挑战就是机遇。我们创办企业的过程当中，当然会遇到很多挑战，这些挑战对我们来说就是机遇。当然，最重要的挑战还是人才战略问题。我们特别希望那些有精力、有能力、有才华的年轻学生可以加入我们的团队，因为一个公司的成功与否，在于是否有机会和能力吸引优秀的学生加入。我们也希望可以帮助这些学生们，除了在课程方面加深学习外，更可以在真实的商业环境里锻炼自己的能力。因此，我特别支持 JoyCan 的工作，JoyCan 可以向我们输送非常优秀的学子。

应该说，我过去的经历对于我现在的帮助特别大。我很幸运，第一份工作就是在金融行业，后来在销售岗位、管理岗位都有丰富的经验。我也曾在海外工作，比如新加坡。当然，在科技行业也有所涉猎。这样的经历让我个人非常了解怎么样把公司从小做大，怎么样把这样一家软件公司做大。我非常清楚，我的客户愿意支付给我每一元钱，都是对我的信任，我不会辜负期望。

当然，掌握了做生意的基本原理，就会明白客户的期待。长远来看，赢得一小批客户的信任，就可以赢得一大批客户的信任，就会有新的客户使用我们的服务。

o JoyCan：

您提到您在创立 asterRIDE 之前的科技类背景，能否详细介绍一下？

o S：

是的，我其实在大学时学过一些科技的课程，我的父亲也是第一批拥有电脑的人，因此，我也有机会在比较年轻的时候就接触电脑等科技类产品。当然，在我给 Microsoft，SAP，DELL 等公司工作或者提供咨询时，接触了更多的科技类知识，这些知识储备对于我来说也是非常重要的。

o JoyCan：

您对于那些在海外读书的中国留学生们和家长们，有什么样的建议？这些留学生有的希望毕业后回国，有的希望可以留下一段时间丰富自己的经历。正如您所知，初期的职业规划对于这些学子和他们的家庭来说非常重要。

o S：

首先，正如美国人学习中文一样，中国人学习英文也非常困难。如果这些学生希望在美国有所建树，那么他必须要努力把语言学好，过好语言关，必须可以顺畅地与美国人交流。

其次，最重要的就是要融入主流文化当中。我和我的太太在新加坡时就尝试着不去美国人经常光顾的地方，主动去参加当地的活动、学习当地的知识、了解当地的文化，保持一颗好奇心。我发现，很多中国留学生和中国移民只喜欢和自己的同胞在一起，而不去了解主流的阶层和文化，这不是一种好方式。

再次，拥有好奇心特别重要。比如 asterRIDE，我就希望找到那些一直拥有好奇心的年轻人，拥有好奇心会使人进步，他们会对未知世界充满了解的欲望。他们会经常提出新的问题，新的概念，挑战已经存在的规则和习惯。

o JoyCan：

非常感谢您的时间！

o S：

谢谢您的采访，我期待与 JoyCan 的更多合作。

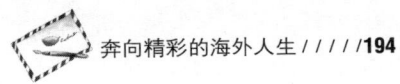

附 录

海外中国留学生的相关重大安全案例

总结以下案例是为广大海外留学生及其家庭提出警示，同时，我也希望读者们从中了解到其中的文化差异与法律底线，在未来境外生存、求职与生活的道路上避免可能存在的各项法律风险。

案例一

时间：2007 年 8 月

地点：美国纽约州立大学奥本尼分校

事件描述：1994 年赴美留学的蚁某是纽约州立大学奥本尼分校的博士生。因为给某授课老师的评价不好，遭到报复，虽然成绩好，但总是不能通过。他多次找学校理论。2007 年 7 月，校方通知他，不可以再去学生处副主任的办公室。8月中旬的某日,他拿着这份通知想再次找校方理论,在未经同意的情况下,擅自闯入,因此,被告三级"非法闯入"。

起因:未得到他人许可,擅自闯入他人所属之地。

关键字:法律常识

事件结果:被判9个月有期徒刑

案例二

时间:2009年1月

地点:美国弗吉尼亚理工大学

事件描述:2009年1月21日美国当地时间晚7时,美国弗吉尼亚理工大学发生一起凶杀案件,被害人和嫌疑人皆为来自中国的学生。死者为杨某,22岁,来自中国北京,凶杀嫌疑人为朱某,当时25岁,来自中国宁波。现场一些目击者说,朱某和杨某当时同在餐馆里喝咖啡,事先没有发生口角,但朱某突然持刀袭击杨某,造成后者当场死亡。行凶者朱某受到一级谋杀罪指控。

起因:朱某向杨某示爱没有成功。

关键字:女性、同胞

事件结果:2010年4月19日,朱某在美国法院被判终身监禁,

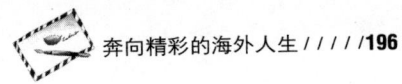

而且不得假释。

案例三

时间：2009年5月

地点：日本爱知县

事件描述：中国留学生林某是就读于日本三重大学的学生，在2009年5月1日晚10点左右闯进日本爱知县山田家，杀害了山田喜保子及其次子雅树，翌日凌晨2点半左右刺伤了刚回家的山田勋的颈部。

起因：入室抢劫钱物

关键字：法律常识

事件结果：2015年2月20日，日本名古屋地方法院宣判中国籍被告林某死刑。

案例四

时间：2011年12月

地点：英格兰纽卡斯尔

事件描述：25岁的学生钟某就读于英国诺桑比亚大学。他长期地沉溺于描写强奸内容的色情片。为了实现自己的性幻想，他花了几个月的时间搜索并且网购了用于迷奸的药物。2011年12月，他在酒吧里对同一名中国女留学生下药并实施了侵犯。在药物作用消失后，受害者想起了被侵犯的痛苦经历，并报了警。钟某在中国的父亲及其朋友在受害者报警后，不断地通过各种方式进行跨境跟踪、骚扰、威胁，希望她不要向法庭提交证据。然而，这位女留学生最后非常坚定地让钟某接受审判。

起因：性侵

关键字：女性、同胞、性侵

事件结果：被判六年有期徒刑

案例五

时间：2012年5月

地点：加拿大蒙特利尔

事件描述：在加拿大康考迪亚大学，一名来自中国湖北的学生林某被一个名叫马格诺塔的色情影视演员、同性恋者诱至家中杀害，杀害后又被其残忍肢解。马格诺塔在作案时还将其拍成视频，其后又将林某的部分手足分别寄往加拿大联邦总理办公室、保守党总部和学校等机构。加拿大通过国际刑警组织对其发出全球通缉令后，德国警方于2012年6月将逃至柏林的马格诺塔逮捕，并将其引渡回加拿大受审。林某的尸体于7月火化。

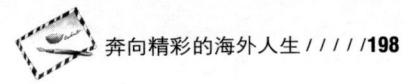

起因：遭遇问题人群

关键字：性侵

事件结果：凶手后被判处终身监禁，25 年之内不得假释

案例六

时间：2012 年 4 月

地点：美国洛杉矶南加州大学附近

事件描述：2012 年 4 月 11 日凌晨，美国洛杉矶南加州大学附近发生枪击事件，中国籍留学生瞿某（男）和吴某（女）中弹身亡。两名中国留学生均为 20 多岁的电子工程专业的在读研究生。当时两位学生所驾车为一辆二手的高级轿车。南加州大学在美国被称作"贵族学校"，每年在该校就读的中国学生数量众多。在庭审的过程中，犯罪嫌疑人提到"专挑有钱人下手"。值得一提的是，事件传回国内时，除了引起人们的哀悼之外，关于两名学生使用的豪华汽车也引发了人们的争议。

起因：凌晨驾驶比较显眼的高级轿车回家

关键字：豪车、法律常识、女性

事件结果：嫌犯被判处两项终身监禁不得假释，外加两项 25 年有期徒刑

案例七

时间：2012 年 11 月

地点：美国西雅图

事件描述：2012 年 11 月，刚刚到美国两个月的留学生徐某（就读于 South Puget Sound 社区学院）驾车以 70 英里/小时（约合 120 公里每小时）的速度，在限速为 25 英里的街上行驶，在一路口交会处硬闯停车（Stop）标志，随后与一辆正常行驶的轿车相撞。被撞轿车的驾驶人萨帕塔当天载着家人去参加生日派对，因车祸造成严重脑损伤，后不治身亡，车上的三名乘客均有不同程度的伤害。当时，徐某未持有美国驾照，也未持有国际驾照。徐某在事件发生后，提交的 200 万美元保释金也成为当地媒体竞相报道的热点。

起因：不熟悉美国本地法律，忽视相关的规定。

关键字：法律常识、豪车

事件结果：2014 年 3 月，徐某被判 17.5 个月有期徒刑，2014 年服刑完毕后被驱逐出境，并在十年内不允许入境美国。

案例八

时间：2013 年 6 月

地点：法国波尔多地区

事件描述：几名种族主义者在法国波尔多地区以南50公里的奥斯唐袭击了大约6名中国留学生的家，一名女性中国学生因被玻璃瓶砸中脸部而被送往医院接受手术治疗。

起因：当地主流人群的排外情绪

关键字：意外事件、女性

事件结果：三名涉案青年已被当地警方拘留起诉，中国驻巴黎大使馆对此次袭击行为表示强烈谴责，并呼吁法国当局采取行动确保国民安全。

案例九

时间：2013年12月

地点：美国纽约市立大学布鲁克学院

事件描述：2013年12月8日，纽约布鲁克学院Pi Delta Psi兄弟会大约30名成员在宾夕法尼亚州乡村一座房屋内举办聚会。这次聚会是兄弟会的入会仪式。19岁新生邓某在会上参加一个名为"玻璃天花板"(glass ceiling)的游戏，不幸猝死。这个游戏是加入该兄弟会的传统项目。警方称，当时邓某被蒙上双眼，身背类似保龄球的负重，然后从兄弟会成员组成的人墙通道中穿过。警方表示，邓某在游戏中多次被打倒在地，导致重伤昏迷。邓某头部遭受钝器击打。当兄弟会成员注意到邓某失去反应时，将他抬到屋内，换下了他的衣服，并在互联网上对头部受伤的信息进行了搜索。当局称，在一个小时甚至更长时间之后，兄弟会成员才开车把他送往医院。2014年2月，邓某的死亡被定性为谋杀。Pi Delta Psi兄弟会随后也被学校宣布解散。

起因：超出自己能力范围，加入兄弟会

关键字：法律常识

事件结果：涉案五人被控三级谋杀，案件仍在审理中，家人正式向学校进行起诉。

案例十

时间：2014年2月

地点：美国洛杉矶

事件描述：来自中国合肥的中国留学生周某（18岁），就读于加州大学尔湾分校，2月某日，他驾驶一辆宝马，在洛杉矶市中心附近的公路车道上涉嫌蛇形驾驶及超速。洛杉矶警方示意停车，但周某没有理睬警方，并且加速行驶。警方在洛杉矶附近两条高速公路上追逐，追逐速度一度达到每小时190多公里，警方动用了五辆警车、直升机，且为了让这辆违规车辆停车，警方采用了"精准致停"技术(PIT)，即以警车追撞试图逃逸车辆的尾部保险杠才迫使其停车。当时车上还乘坐着另外两名中国留学生。这个追逐的场面被多家当地电视台进行了现场直播。

起因：不了解美国法律，把中国驾驶习惯带到了美国

关键字：法律常识、豪车

事件结果：以7.5万美元被保释，但必须出庭受审，且面临"逃避警察和造成社会危险"的重罪指控，将会受到16个月至3年的刑罚。

案例十一

时间：2014年5月

地点：美国加州洛杉矶

事件描述：某日凌晨，加州华人众多的蒙特利公园市内发生一起车祸。一辆法拉利和一辆现代相撞，驾驶法拉利的车主当场死亡。车主是来自中国的留学生段某。据悉，当时法拉利在凌晨2点10分左右向南行驶，被向西行驶的现代车撞上。目击者称，现代车应是肇事方，警方怀疑其涉嫌酒醉驾驶。案件中死亡的中国留学生段某并不存在任何过错，但其驾驶的法拉利轿车仍然引起了国内人群的争议、偏激言论。

起因：无过错，但所驾驶的跑车却成为争议点。

关键字：意外事件、豪车、法律常识

事件结果：法拉利车主中国留学生段某当场死亡，一名同行伙伴

受伤，肇事现代车司机受伤，案件还在审理中。

案例十二

时间：2014 年 7 月

地点：美国洛杉矶

事件描述：24 岁的南加州大学电气工程专业的中国留学生纪某，在夜晚结束自习后离开学校步行回住所，途中遭遇正在附近驾车寻找抢劫对象的四人，纪某被棒球棍等利器击打，虽然试图逃走，但在一个街区之外又被追上，再次受到殴打直至倒地。尽管纪某最后返回家中，次日早晨却被室友发现死在了床上，住所内也有多处血迹。

起因：无过错，但由于回家较晚，成为被袭击的对象。

关键字：法律常识、意外事件

事件结果：共有四名犯罪嫌疑人，两名犯罪嫌疑人分别为 19 岁的乔纳森·卡门和 18 岁的安德鲁·加西亚，被裁定一级谋杀在内的数项罪名；另外两名犯罪嫌疑人分别为 16 和 17 岁，也被控一级谋杀。

案例十三

时间：2014 年 8 月

地点：韩国

事件描述：24岁的广东留学生宋某（汉族）于2012年12月以研究名义来到韩国，在首尔某私立大学的语言学院接受韩语教育。宋某因在网上用中文和韩文发表了300多个称赞朝鲜政权和批评韩国政府的留言，并在网上提交多份侮辱当时韩国总统的语言而被逮捕。

起因：不了解当地的法律，随意发表违反本地法律的观点

关键字：法律常识

事件结果：宋某被驱逐出境并禁止再次入境韩国

案例十四

时间：2014年9月

事件描述：案例十中的周某本应在法院确定的时间内到庭应诉，但他没有出席。法官当即发出逮捕令。后来，周某在洛杉矶国际机场飞往中国的候机厅里被警方再次逮捕。

起因：没有遵守当地的法律，试图逃跑

关键字：法律常识

事件结果：逮捕后交由法院处理，正在审理中。

案例十五

时间：2014年10月

地点：美国宾州州立大学

事件描述：2014年秋季，就读于美国宾州州立大学工程学院的18岁中国留学生邵某多次潜入女生宿舍，后受害者之一终于报警，并查出多次类似事件均与邵某有关。这些女性称，邵某趁她们睡觉时闯入或者试图闯入她们的房间，她们被惊醒时发现邵某正在不正当地触摸她们。其中一位女生告诉警方，2014年9月，当时还是宾州州立大学学生的邵某悄悄潜入她的房间，并在她的质问下逃跑。邵某可能面临包括猥亵骚扰、非法侵入、入室行窃在内的多项罪名。

关键字：女性、同胞、性侵

事件结果：2015年5月18日被判入狱，被判定为3级性侵犯，服刑完毕后遣返中国，未来入境美国均会受到影响。

案例十六

时间：2015年3月

地点：美国加利福尼亚州洛杉矶

事件描述：在美国南加州私立高中读书的十九岁的中国留学生翟某带领数十名女孩，将另一名留学生刘某引诱至一公园并进行长达5小时的围攻、折磨，并脱下其衣服用点燃的烟头对其施虐。在殴打过程中，甚至还有人用手拍照留念。据了解，刘某被袭击的原因是翟某

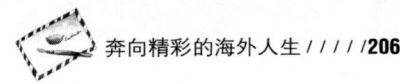

认为她不够尊重自己。案发后,有 6 人被逮捕、其中三人满 18 周岁。

起因:不了解美国法律,认为这种行为不会触犯美国法律规定。

关键字:法律常识、女性、同胞

事件结果:翟某等三人分别被判 6 年至 13 年的有期徒刑。三名犯罪嫌疑人均在法庭上为自己的行为道歉。

案例十七

时间:2015 年 3 月

地点:美国加利福尼亚州洛杉矶

事件描述:上述案件中的一位犯罪嫌疑人的家长,在事件发生后,试图在美国向事件中的一位证人支付金钱,使该证人改变证词。

起因:不了解美国法律,希望通过"花钱摆平"。

关键字:法律常识

事件结果:该家长被逮捕,后续情况不详

案例十八

时间:2015 年 9 月

地点:美国纽约州北部克拉尔森大学

事件描述:这所大学的一名男性博士生马某,猛刺一名中国女留学生姜某，期间还有自残的行为。警方在一再警告男子停止犯罪、放下凶器无效的情况下，果断将其击毙，但是身中数刀的女子被送往医院后因伤重不治身亡。

起因：根据公开报道，可能是由于情杀。

关键字：女性、同胞

事件结果：男子被击毙，受害人身亡。

案例十九

时间：2015年11月

地点：苏格兰斯特林大学

事件描述：在苏格兰斯特林大学就读的中国留学生黎某因醉驾行驶在苏格兰火车站的错误车道而被捕，经测试其血液内的酒精浓度为正常值的两倍。后来，黎某再次涉嫌酒驾，但拒绝进行酒精浓度测试。后来公然藐视法庭，拒绝遵守当地的法律。

起因：醉驾，不遵守当地的规定

关键字：法律常识、豪车

事件结果：斯特林郡法院以黎某公然无视法律为由，依法对其处以1950英镑罚款，禁止驾驶三年并没收了他的豪车玛莎拉蒂。

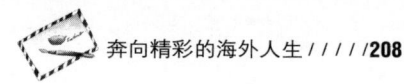

案例二十

时间：2016年5月

地点：德国东部城市德绍

事件描述：2016年5月11日晚20时30分，就读于安哈尔特应用技术大学建筑学院的一名中国女留学生李某在德国东部城市德绍跑步时失踪。警方13日在其住所附近发现一具赤裸的女尸，尸体上有遭受暴力袭击的痕迹，头部和脸部严重被毁，难以辨认、口部和面部彻底破坏。验尸报告称李某生前曾遭凶徒强奸，死因是头部遭暴力袭击。5月23日一对情侣自首。男子表示，自己与女友和这名中国女子达成协议在他们的住处见面，他们见面的目的也包括发生性关系。

起因：不详

关键字：法律常识、意外事件、女性

事件结果：案件正在持续调查中

案例二十一

时间：2016年5月

地点：美国亚利桑那州坦培市

事件描述：美国亚利桑那州立大学的中国留学生时某，于2016

年 5 月早上在回家的火车上被一名白人妇女袭击。据了解，该名白人女子在火车上用侮辱性语言辱骂包括时某在内的几名中国学生。时某和她的朋友准备下车时，白人妇女突然冲上来打了时某一拳，时某立即失去知觉，后发现自己的脸上和地上全是血。时某的朋友也遭到了该白人女子的袭击。医院诊断称，时某面部一个骨头断裂，双眼肿胀。坦培市警方于事发当晚拘捕了打人的白人女子，将其关押至马里科帕县监狱并对其进行起诉。

起因：无过错，遭遇种族歧视

关键字：意外事件、女性

事件结果：案件被定性为个人纠纷，嫌犯被判刑 90 天，需要接受精神治疗并支付赔偿。

案例二十二

时间：2016 年 8 月

地点：美国新罕布什尔州

事件描述：就读于新罕布什尔大学的 21 岁中国留学生程某，在新罕布什尔州限速 55 英里每小时的道路上，以 135 英里的时速驾驶一辆马莎拉蒂跑车狂飙，被警方拦下。值得一提的是，在警方询问他时，他以不懂英文为理由拒绝回答。后来的笔录由他的朋友协助完成。

他被警方以"鲁莽驾驶"罪逮捕。

起因：严重超速。

关键字：法律常识、豪车

事件结果：已经开庭，正在等待法庭判决

案例二十三

时间：2016年11月

地点：俄罗斯圣彼得堡

事件描述：19岁的刘某是一名就读于俄罗斯圣彼得堡国立师范大学俄语预科学习班的中国留学生。11月29日下午3点半左右放学后失联。当晚，她在当地的亲戚发现她没有回家，手机也没有办法接通，于是报警求助。当地华人也曾帮助刘某的亲人进行过一次大规模搜索，但均无所获。12月初，刘某的尸体在郊外的两条运河交界处被发现。

起因：不详

关键字：女性

事件结果：正在调查中

案例二十四

时间：2016年11月

地点：美国新泽西北部

事件描述：年龄27岁的中国留学生王某在校门口不幸遭遇车祸身亡。早晨被发现时躺在该校附近的公路旁边，之后被迅速送往医院治疗，但已经回天无力，伤重不治身亡。

起因：可能是司机分神的原因，王某并无过错。

关键字：意外事件、女性

事件结果：正在处理中

案例二十五

时间：2016年11月

地点：日本东京

事件描述：在日本东京都中野区居住的一名年纪为24岁的中国留学生江某在走廊被刺。江某就读于日本法政大学研究生院，被刺地点位于她居住的公寓。根据媒体公开报道，江某是帮助其一名女同学躲开这位女同学的男朋友陈某（25岁）时，因为激怒陈某的原因而导致他对江某下手。司法解剖的结果显示，江某的死因是失血过多。

起因：陷入同学间的争吵导致被杀

关键字：法律常识、女性、同胞

事件结果：陈某被逮捕，并以杀人罪名起诉

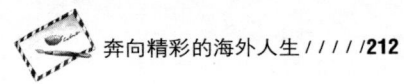

案例二十六

时间：2016 年 12 月

地点：意大利罗马

事件描述：20 岁的中国女留学生张某就读于罗马美术学院，她在前往首都东区的移民局的路上，被窃贼抢走了背包。当她致电室友告知情况时，通话突然中断，之后张某的电话一直处于可拨通但无人接听的状态。经查，她被 3 名疑犯绑架，最终遗体被发现于距离移民局 800 米的地方。

起因：因抢劫而引起的杀害

关键字：意外事件、女性

事件结果：本案依然在调查中

案例二十七

时间：2016 年 12 月

地点：美国俄亥俄州州立大学

事件描述：来自中国天津、就读于美国俄亥俄州州立大学理论特理与天体物里的专业大三学生刘某，在 12 月初自杀身亡。刘某生前非常爱好摄影，在其社交媒体帐户上有诸多令人惊艳的摄影作品。

起因:压力过大

关键字:情绪安全

事件结果:确定系自杀身亡

案例二十八

时间:2017年2月

地点:加拿大多伦多

事件描述:两名就读于加拿大多伦多地区的中国男性留学生,在2月份的某日凌晨发生激烈斗殴。两名留学生王某和范某为事件当事人,均为19岁。据报道,范某曾经练习泰拳多年,可能经出于情感纠纷,而将王某殴打致死。

起因:情感纠纷

关键字:法律常识、同胞

事件结果:范某被以二级谋杀罪指控,等待法院最终判决

案例二十九

时间:2017年2月

地点:美国加州圣塔芭芭拉

事件描述:刘某是一名来自于广东省广州市,就读于加州大学

圣塔芭芭拉分校的一名中国女留学生。刘某就读于该校德语及心理学专业,根据媒体公开报道,她是一个社交广泛且热爱户外运动的女孩。2017年2月下旬,年仅20岁的刘某被发现在寝室内身亡。

起因:压力过大

关键字:情绪安全

事件结果:确定系自杀身亡

后 记

　　记得那是 2015 年 3 月,我在韩国首尔出差,处理一个跨境收购的项目。那深夜,我回到光华门附近的一家酒店,当我打开电视机,看到正在播出的一则新闻:美国加州某所学校的中国留学生们因为琐事,把另一名中国留学生带到公园公然施暴,该学生报警,警察介入。

　　看到这儿,我立刻把电视关了,因为真的痛心。每次看到类似的新闻,我都心如刀割。其实,这已经不是第一次报道关于中国留学生的负面新闻了。就在此事发生不久前,在我的美国"故乡"西雅图,有一个中国留学生开着豪车,因为超速驾驶撞死一名当地居民,伤了另外三位。这些年轻人毁掉的不只是被害人,还有他们自己的人生和"中国留学生"的名誉。

"中国留学生"为何毁誉参半?

"中国留学生"是一个毁誉参半的群体。谈到"誉",赞美中国留学生聪明勤奋的声音比比皆是;谈到"毁",近年来关于中国留学生的负面新闻也层出不穷。可以说,"中国留学生"既不乏杰出者也不缺少话题制造者。除了被媒体放大和渲染的外部作用,"中国留学生"这个群体被妖魔化也有其内因,但是这种内因却鲜有人深究。看到这个新闻后,我陷入了深思。

为什么这些负面新闻屡见不鲜?

媒体报道的背后,究竟有没有人深刻地检讨过,到底是什么原因让我们本该虔诚求学的莘莘学子,屡屡变成负面新闻的主角?

这些踏入人生起步阶段就背上标签的孩子们,未来该怎么办?

含辛茹苦把孩子送出国培养、望子成龙的家长们,要怎么面对他们多年的心血可能被毁于一旦的现实?

还有包括我在内,辛辛苦苦在国外打拼的、拥有"海归"标签的新一代海归群体,会被自己的国人和外国人贴上什么样的标签?"

想到这儿,我第一次对桌子上那几百页的英文合同丧失了兴趣。

"中国留学生"不是"spoiled children"

由于工作的原因，我每年在美国和韩国要待上三个多月。2015年12月底，我有幸应邀作为嘉宾，为美国老虎21俱乐部（Tiger21）西雅图地区的七位成员们讲课。根据《福布斯》杂志以及美国主流财经媒体的报道，Tiger21俱乐部是"全球最神秘、最富裕、最封闭的富豪组织"，会员们除了必须拥有相当规模的资金实力外，还必须在社会上拥有极高的威望。虽然我和这七位会员们分享的题目与跨境投资和并购有关，但这反而引起了成员们对于中国新一代移民的好奇，特别是对生活在美国的新生一代中国人的好奇。因为这一代，已经远远不同于80年代末，90年代初的那些人了。

有一位Tiger21俱乐部会员提出的问题，我至今依然记忆尤新："Jack，我听说很多来我们美国的中国留学生都是开着奔驰、宝马上学，这是真的吗？他们是被宠坏了的(spoiled)孩子吗？"这也是第一次，我不知道该怎么回答美国"精英阶层"的问题。

二十世纪八九十年代留学潮席卷神州大地，我们既可以把那些前辈称作先驱者也可以称作开拓者，他们真的是用自己的人生书写了一个个神话，并留下宝贵的人生经验，令人敬仰，比如百度的李彦宏、真格基金的徐小平和IDG的熊晓鸽等前辈。在他们身上都有一个共同的特点——拼搏与奋斗。

时代不同了，随着国人生活水平的提高，很多留学生的父辈们已经完成了资本积累，并需要保有强有力的竞争力，所以培养孩子成为跨国型人才甚至接班人成为家族任务的重中之重。这类留学生们会被贴上"X二代"的标签，这也是与负面新闻挂钩最多的群体。我想这里面除了年轻人喜好张扬的个性之外，也与家庭教育和不熟悉国外体制是分不开的。

就在那天晚上，我打开收音机，里面正好播放一个新闻采访节目，谈美国的房地产市场。主持人问嘉宾："您觉得大西雅图地区的房价在过去一年的增速超过10%是什么原因？"那位嘉宾的回复很长，但最后一句让我记忆深刻："可能与中国来的钱有一定的影响吧，我们回头可以去中国留学生多的校园里调查一下，看看最近豪车有没有多起来。"这是句玩笑话，但说者无心，听者有意，这句话深深地刺痛了我。我在想，"中国留学生"这个群体，难道真的就要被贴上"spoiled" "rich" "not respecting laws"等标签吗？

接下来的几天，我和几位有多年交情的美国客户进行了交流。我惊讶地发现，这些美国本土企业家都非常愿意和中国人、中国留学生共事，也非常重视人才，但所有人的问题都是"Are they fluent in

English?""Are they spoiled?"以及"Are they skillful?"

我很清楚地知道,中国留学生具有惊人的实力、能力与毅力。但面对这些质疑,我竟一时不知道说些什么好。于是我问自己,我能不能为中国留学生做些什么,从而降低这些质疑的声音呢?

我内心有一个清晰而响亮的声音——不管做什么,此时我必须要行动起来了。

就在第二天,筹划投资设立 JoyCan 的工作便开始了。

JoyCan 团队的梦想其实很简单,就是通过 JoyCan,帮助留学生还有一直牵挂他们的父母,无论是在出国前、留学时还是毕业后,都可以合法、安全、有尊严地生活在另一个国度,把自己所学的、所经历的带回祖国——物质基础固然很重要,但属于自己的本领(在另一个国度可以获取本土工作经验的本事)更重要。

JoyCan 希望帮助每一位家长和海外学子,通过能力的提升让境外的雇主看到标签背后最真实的自己。而这本书,是由我和人力资源专家、境外雇主们倾情打造的作品,从不同角度帮助留学生掌握在境外安全与求职的基本知识储备与技巧。

这本书是打开在境外生存的入门书籍,JoyCan 希望能与留学生和家长们携手,一同走在奋斗的路上。

致 谢

本书的完成首先要感谢我的家人，Iris，Annie 和 Sophia，因为她们的支持我才可以有足够的时间完稿。

其次，要感谢我的好朋友黄伟先生，如果没有他在境内和境外的不懈支持、鼓励和与我多次的头脑风暴，我也没有机会完成本书的创作。

再次，感谢几位正在海外留学、或者即将前往海外留学的大学生，他们是陈紫静博士、朱瑞怡、涂康玥、王佳婧、周夏扬同学，这几位同学帮助我搜集了很多资料。

最后，要感谢卓易迦南（北京）教育科技有限公司（JoyCan），没有这个平台，就没有本书的出版和发行的可能。